沟通心理学

晋翔/编著

PSYCHOLOGY OF COMUNICATION

海潮出版社
Haichao Press

图书在版编目（CIP）数据

沟通心理学 / 晋翔编著. -- 北京 ：海潮出版社，
2016.5（2016.9 重印）
ISBN 978-7-5157-0880-5

Ⅰ. ①沟… Ⅱ. ①晋… Ⅲ. ①人际关系学—社会心理学
Ⅳ. ①C912.1

中国版本图书馆 CIP 数据核字(2016)第 003609 号

书　　名：沟通心理学

作　　者：晋　翔
责任编辑：王惠平
封面设计：荆棘设计
出版发行：海潮出版社
社　　址：北京市西三环中路 19 号
邮政编编：100841
电　　话：(010) 66969738（发行）　66969751（编辑）　66969746（邮购）
经　　销：全国新华书店
印刷装订：三河市祥达印刷包装有限公司
开　　本：170mm×240mm　1/16
印　　张：16
字　　数：180 千字
版　　次：2016 年 5 月第 1 版
印　　次：2016 年 9 月第 2 次印刷
ISBN 978-7-5157-0880-5
定　　价：32.80 元

（如有印刷、装订错误，请寄本社发行部调换）

前　言

古语就有"一言以兴邦，一言以丧邦""一人之辩重于九鼎之宝，三寸之舌强于百万雄兵"之宏论，今人质朴言道"一句话可以让人笑，一句话也可让人跳"，这是口才的奇妙之处，也是沟通的技巧与艺术。

美国成功学大师戴尔·卡耐基说："如今社会，一个人的成功，仅仅15%取决于技术知识，而其余85%则取决于人际关系及沟通说话的本领。"

美国人类行为科学研究者汤姆斯也曾说过："发生在成功人士身上的奇迹，至少有一半是由口才决定的。在很大程度上，口才甚至能够直接决定一个人的命运。"由此可见沟通技巧的重要性，掌握沟通技巧，已经成为现代人成功的必备条件。

人生之中，从求职到升迁，从应酬到交友，从交谈到说服，无不需要说话的能力。话说得好，小则可以讨人喜欢，受人欢迎，大则可以保身，成就大事业；而话如果说得不好，小则会树敌，大则会让你的工作业绩毫无起色，有可能会备受同事、领导的冷落，让你的事业举步维艰。可以说，一个人如果掌握了沟通技巧就等于掌握了一张成功的王牌，使自己拥有了一个更加美好非凡的前程！反之，一个人如果没有好的口才，就等于给自己的人生树立了一道无形的障碍。

同样是说话沟通，为什么会有如此大的区别呢？这其中的关键原因就是前者在谈话中运用了各种心理技巧，把话说到了别人的心窝里，从而成功地赢得了人们的信任和喜爱，而后者却不懂得在谈话中运用心理学，导致说话不得体而失去人心。正如著名的成功学家林道安所说："一个人不会说话，那是因为他不知道对方需要听什么样的话。假如你像侦察兵一样看透对方的心理活动，你就知道说话的力量有多么强大。"说话这件事，要想出效果，够精彩，必须从心理学的角度入手，用"心"去说。攻心为上，攻城为下。千言万语，都敌不过心灵上一次小小的触动。

为了帮助大家快速掌握高超的沟通本领，把话说得讨人喜欢，成为一个受大家欢迎的沟通高手，我们精心编写了这本《沟通心理学》。

本书分上、下两篇，全面系统地介绍了多种说话方式和沟通技巧。上篇从沟通与心理学的理论层面切入，围绕心理学与沟通艺术、破解对方"心灵密码"、幽默、赞美、批评、倾听、谈吐等八个细节进行阐释；下篇从实战情景入手，涉及尴尬局面、求人办事、谈判、演讲、销售、情感、面试，以及职场中如何与领导、下属、同事沟通等多个层面，通过通俗易懂的语言，帮助你掌握不同场景下的沟通艺术，以提高说话能力。

总之，口才是帮助你在竞争中脱颖而出的撒手锏，是开拓人生未来的一项基本能力。如果我们的话语里透着像玫瑰花一样的馨香，那么，这馨香无疑就能帮我们叩开他人的心房；如果我们的话语里回荡着像圆舞曲一样美妙的旋律，那么，在这美妙的旋律中他人就会向我们敞开自己的心扉；如果我们的话语里充满着像阳光一样的关爱和温暖，那么，这种关爱和温暖的种子就有可能在他人的心灵里开出理解和感激的花朵。

愿本书能帮助你用语言打开一片广阔的天地，从而成为一名真正会说话的社交达人！

目 录

Contents

上 篇

懂得心理学，使语言发挥其特殊魅力

|第三章|

幽默是灵光乍现的惊艳：让你拥有强大的魅力气场

|第四章|

走进人的心灵深处：赞美胜过雨后的彩虹

|第五章|

运用之妙存乎一心：批评是一门艺术

|第六章|

做个倾听高手：此时无声胜有声

|第七章|

交谈中的情感对接：优雅的谈吐更易打动人心

|第八章|

创意无限：换一个角度表达，让生活精彩不停

下 篇
妙用心理学，增强说话的分量和力量

上 篇
懂得心理学，使语言发挥其特殊魅力

在与人沟通交流时，如果你能把别人的心思像品书一样阅读的话，那么你将是一个十分成功的交际者。其实，人就像一本书，如果你懂得人们沟通交流时的各种心理，也就懂得了这本书的阅读方法。在社交时只有了解对方的心理，才可能以对方喜欢的方式与之交往，发挥语言的特殊魅力，建立和谐而融洽的人际关系。

沟通心理学

心理效应与沟通艺术

沟通是信息的传递，也是内心情感和意愿的表露。同时，与人沟通谈话的过程，实质上也是洞察对方心理的过程。所以，了解并掌握一些与沟通艺术有关的心理效应，比如首因效应、温暖法则、刺猬效应等，是一个人提升交际能力的关键。

首因效应：瞬间打开陌生人心扉的心理策略

在心理学中，首因效应也叫"第一印象"效应。心理学家认为，由于第一印象主要是性别、年龄、衣着、姿势、面部表情等"外部特征"。一般情况下，一个人的体态、姿势、谈吐、衣着打扮等都在一定程度上反映出这个人的内在素养和其他个性特征。这一最先的印象对他人的社会知觉产生较强的影响，并且在对方的头脑中形成并占据着主导地位。它虽然零碎、肤浅，却至关重要。因为，在先入为主的心理影响下，第一印象往往能对人的认知产生关键作用。研究表明，首次见面的最初4分钟，是印象形成的关键期。

有一位心理学家曾指出，对一个人所保持的印象，在很大程度上依赖于有关的心理活动第一次出现时感觉和兴趣的强度。将首因效应用在沟通艺术上，就要求我们在与人初次交谈的时候，应想办法尽可能在对方面前展示他喜欢的形象，这样你才能快速与对方成为朋友，从而使接下来的交流变得更为顺畅。

一位资深记者在采访时，很注意自己的服饰打扮。他到市中心会穿市中心的人们喜欢的服装，到市郊则穿市郊的人们认为不错的衣服，他会尽量制造一种与被采访者的生活环境相融洽的气氛，他连用词也注意与被采访者相近。

他努力的最终目的是让对方注意到自己有过与他一样的生活体验：希望对方能马上接受他。比如对方住在××区的话，他则说"我有一个朋友也住在你们这个区"或"读大学时，我在这里的公寓里住过一段时间"。尤其是双方都认识某一位中间人的话，采访就更为顺利，交谈的气氛就更融洽了。

共同地域、共同体验，是在初次见面时消除对方隔阂心理的方法之一，而且这些方法用起来相当简单，马上就能取得对方的信赖。

我们在日常生活中与人交流时大概也有体会：有的人说起话来，娓娓动听，使人听了全身的筋骨都感觉到舒服；有的人话说起来，锋芒锐利，像是一柄利刃，令人感觉十分恐惧；有的人巧嘴一张，便让人满心欢喜；有的人话不超过三句，肯定让人好感全无……

讲究沟通的艺术对于迅速有效地传递信息，塑造良好的自我形象有着不可忽视的重要作用。

29岁的小江工作稳定，个子比较高，虽然算不上很帅，倒也称得上英俊，但是，各方面条件都不错的他，至今还没有找到一个合适的女朋友。眼看逼近30大关，家人便安排他去相亲。

相亲地点约在了一家环境幽雅的咖啡馆，对方是个漂亮的女孩，完全是小江喜欢的类型。但是，面对喜欢的女孩，小江有些紧张，脸居然也微微发红起来，不知道该说什么好了。再加上两个人相对而坐，气氛很尴尬。不得已，小江只得一次次地重复那句："你吃点东西吧！"女孩最初回答："谢谢，我不饿。"当他再三重复之后，女孩就有点不耐烦了，答道："如果我饿了会自己吃的。"

又坐了几分钟，小江实在受不了这样尴尬的气氛，就找了个借口，提前结束相亲打算回家。把女孩送到车站后，小江在回家的路上给她发短信说："初次见面，聊得有点尴尬，照顾不周，见谅。"对方只回了："哦，没事。"两小时之后，小江又发短信问对方是否平安到家，女孩也只回答一个字："嗯。"

第二天，小江又发短信给女孩，夸她有气质，希望有继续交往的机会。结果，对方回了一条："我觉得咱们性格不合适，希望你能找到更好的。"然后就再无下文了。

只因为初次见面不敢开口，而失去一个获得爱情的机会，无论是谁，大概都会觉得很亏。很多人在面对陌生人的时候都会表现出跟小江相似的状态，手足无措，不知道该如何开口。

据调查，95%的人都害怕与陌生人交谈。大多数人在面对陌生人时，脑中都会变得一片空白，不知该说些什么。还有不少人对陌生人有一种抵触心理，不是胆怯就是不屑。有些人生性腼腆，一见到陌生人就感到浑身不自在，有什么话都羞于说出口，或者担心人家会说自己贫嘴，不好意思交谈，因而错失了很多拉近彼此关系和距离的机会。

然而，不论是情感的需求，还是工作的需要，我们都不可避免地要与一些新朋友打交道。如果你这个缺点还未克服，那么，不管是在与人交谈或是在个人的成长方面，都无法进行得很顺利。

其实，打开对方的话匣子并不难，因为可以交谈的话题就在你身边。这是最方便的办法：就从当前的事物，即双方都同时看到、听到或感到的事物中，找出几件来谈。比如，在车站或车厢，耳目所及，有众多的事物，如果你稍为留意，不难找出一些对方可能发生兴趣的话题——也许是车站上面的巨幅广告啦，也许是同车的外国游客啦，也许是路旁驶过的豪华轿车啦，也许是天空飞过的新型客机啦……

甚至于在对方的身上，都可以找到谈话的题材。当一个刚认识的朋友作完自我介绍时，你可以就势从他的名字上谈起。可以重复对方的名字，询问具体是哪几个字，对对方的名字给予美好的诠释或夸奖等。你可以和他谈谈他的孩子；如果他新买了一架钢琴，你就可以和他谈谈钢琴；如果他的窗台上摆着一个盆景，你就可以跟他谈谈盆景。

凡是这一类眼前的事物，最容易引起人们的注意，只要其中有一样碰巧对方很有兴趣，那么，谈话就可以得到继续和深入的机会。

当交谈中断的时候，不要心急，也不要勉强去找新话题，否则会引起不必要的紧张，反而什么也想不出来了。要知道我们的大脑总是在活动着的，你还可以在交谈时先提一些一般性的问题，以便投石问路，提到某个话题时，你可以说："我上一次也和某人谈论过这件事……"这样，就可说另一个新话题了。这样对方就会打开话匣子，积极投入到交谈之中。

现实生活中，不是所有的话题都能引起对方的兴趣，灵活地转换话题也是一件很重要的事情。即使面对一个最好的话题，人也会有兴趣低落的时候，这时，善于沟通的人就懂得在适宜的时机转换话题，不使别人生厌。

但要注意的是，跟刚认识不久的新朋友聊天时，不要一直采用一本正经的说话方式，这样会让人觉得太过乏味、拘束。在和他人交谈时，我们若能恰到好处地流露出好感，或肯定其成绩，或赞美其品质，或同情其遭遇，或安慰其不幸，就会迅速赢得对方的好感，使对方产生一种一见如故的感觉。

🌑 温暖法则：你给的虽是一缕春风，别人却感受到整个春天

温暖法则也称作"南风效应"，它来源于法国作家拉封丹写的一则寓言：

北风和南风比威力，看谁能把行人身上的大衣脱掉。北风首先来一个冷风凛凛、寒冷刺骨，结果行人为了抵御北风的侵袭，便把大衣裹得紧紧的。南风徐徐吹动，顿时风和日丽，行人因为觉得很暖和，所以开始解开纽扣，继而脱掉大衣。最后南风获得了胜利。

拉封丹这则寓意深刻的寓言后来成为社会心理学的一个概念，它给予我们这样的启示：温暖胜于严寒。将其运用到人际交往中，即为：与他人沟通交谈的时候，要特别注意讲究方法。其与"良言一句三冬暖，恶语伤人六月寒"有异曲同工之妙：当我们以尊重、温和、友好的"南风"式言语与人交谈时，对方就会不知不觉地向我们靠近，并愿意敞开心扉，与我们进行亲切地交谈。如果我们以一种居高临下的姿态，跟人说话，甚至带有不恭或太犀利的"北风"式言辞，这势必会使对方于无形中对我们垒起一堵"心墙"，让我们无法跨越。

一个因抢劫而蹲过监狱的男子，在与其他农民工一起劳作的时候，捡到500元钱，他立即对他的同伴们说："大家先停一下手中的活，看看是不是刚才谁的钱丢了？"

同伴们听到后先是一愣，之后一个精明的农民工警惕地说道："拿自

己的钱变着花样来讨好，企图陷害我们呢，谁知道你安的什么心！"这话一出，大家一瞬间像炸开了锅一样，你一言我一语，讽刺的、嘲笑的、鄙视的……铺天盖地的奚落声向那个年轻男子侵袭而来。

男子叹了口气，转身离去。

他漫无目的地行走着，混乱的思绪让他无所适从。许久，夜晚降临了。

"滴滴滴"，一"语"惊醒梦中人——车的汽笛声瞬间将他拉回到了现实。这声音来自他的身后。

男子回过身，车灯的光迎面扑来，晃得他睁不开眼。过了一会儿，他慢慢适应了这刺眼的光线。他可以模糊看清车里的情况——车主是一位"的姐"，并且似乎并没有载客。一股歹意袭上男子的心头。他没及多想，就径直走到"的姐"的车前，拉开车门，坐在了副驾驶位置。

"想去哪儿，先生？""的姐"随口问道。

男子并没有回答，而是用随身携带的折叠刀，逼"的姐"交出钱财。

"的姐"心里一紧，但她很快就镇静下来。她装作很害怕的样子，将300元钱交到男子的手里，说："今天我就挣了这么多，如果你嫌少的话，我把零钱也给你吧。"说完，她又将剩下的20元零钱递给男子。

"的姐"的温和态度令男子诧异。就在他发愣的时候，"的姐"趁机又说："你家在哪里？我把你送回家吧。已经这么晚了，你家里人该等着急了。"

气氛渐渐缓和了下来，男子慢慢地把刀收了回来。见此情景，"的姐"适时地开始启发男子："我家里原来也很困难，咱一没文化，二没技术，很难挣到钱。后来我有机会跟别人学会了开车，虽然跑出租挣钱不多，可日子过得也算舒坦。再说了，咱自食其力，穷点儿谁还能笑话咱！"

看到男子沉默不语，她继续说："男子汉四肢健全，干什么都差不了。一旦走上歪路，这一辈子可就没有指望了。"

听到这里，男子突然哭了起来，他把300多元钱往"的姐"手里一塞，哽咽着说："真是谢谢你，我以后饿死也不会再做这种蠢事了。"说完，他低着头离开了。

一句粗暴的话语，差点让一颗良知尚存的心灵彻底毁灭；而一句充满友善的话语，又使一个正在沉沦的灵魂得到拯救。

"的姐"勇气可嘉，在整个对峙的过程中，她自始至终都没有对那位恐吓她的男子说一句强硬的话，而是用软语温声，成功地唤醒了对方的自尊、自爱，消除了一场可能发生的危机。

语气亲切而发自内心，蕴含了无比强大的影响力，像温暖的春风一样涌入心头，会带给别人春天般的抚慰。

张姐是一位出了名的售票员，她所服务的公交车创下了几十年没有乘客闹事、投诉的记录。当被问到工作的诀窍时，张姐有些不好意思地说："我哪有什么诀窍，只是脾气好罢了。"

张姐经常向新参加工作的售票员讲述这样一个故事：

在某年的"五一"假期，火车站客流量陡增。每天上车的人非常多，售票员都要不停地劝说乘客："上车的乘客请尽量往车后走，黄金周人多，大家都互相让一让！"这次，就在张姐所在的公交车车门关闭的一刹那，一个乘客突然跑来。车门一关，那个乘客的右手臂被卡在了门缝中。

张姐急忙过去拉开门，那乘客一上车就气急败坏地对司机嚷道："你这是怎么开车的，人还没上完就关门，找投诉的吧？"

车中的气氛顿时紧张起来，眼看一场口舌之争即将爆发。然而，让所有乘客都意想不到的是，张姐来到这位乘客身边，友善地说："真是抱歉，因为我们的过失让您受伤了。"那位乘客还是不肯让步，他不但占用了张姐的售票员专用座，还要求张姐在下一站必须带他到医院检查。

面对乘客的无礼举动，张姐没有生气，依旧和颜悦色地说："请您谅解，等我跑完这趟之后，就立即陪您去医院！"一路上，张姐不停地询问那位乘客的伤势。等到站时，那位乘客有些激动地说："其实，我的手臂一点事儿都没有，只是一时控制不住脾气想发泄一下。你态度这么好，我也就不为难你了。非常感谢你的服务，再见。"

面对不依不饶的乘客，张姐却始终轻言细语、和颜悦色地进行安抚，最终那位乘客被张姐耐心、友善的服务态度所感化。这样看来，张姐看似处于被动地位，其实事事主动，她正是成功地掌控了自己的情绪，才掌控了整个车厢的气氛。试想，倘若没有张姐态度和善的安抚，那位怒火中烧的乘客肯定会拨通投诉电话，张姐和司机将会因此受罚。

记得有一句话："做人要像蜡烛一样，在有限的一生中有一分热发一分光，给人以光明，给人以温暖。"一个人善解人意，语言亲切和善，往往能给人以温暖和慰藉，使人们的心情趋于温和、愉悦。反之，如果一个人没有"言语温和"的素质，那么这个人的一生将在痛苦的争吵声中度过，很难找到祥和与温暖的时日，别人反馈给他的，也将是反感甚至憎恨。

刺猬效应：亲密但不可"无间"，保持恰当距离才能给人以美的享受

"刺猬效应"来源于西方的一则寓言：

有两只小刺猬，尽管躲在洞里，也尽量蜷缩着身子，因为天气实在太冷了，即使这样仍然冻得瑟瑟发抖。就在它们感觉快要冻僵的时候，其中的一只刺猬突然灵机一动，向另一只建议道："我们靠紧一点，或许身上的热量会散发得慢一点。"

另一只也觉得有道理，于是，它们开始了尝试。但没想到的是，由于它们靠得太近，它们身上的刺刺到对方了。

虽然第一次尝试失败了，但由于它们在被对方刺痛的同时，也确实感到了对方的温暖，所以它们没有气馁，又重新开始了第二次尝试。这一次，为了不伤害对方，它们开始小心翼翼地一点一点靠近，最后，它们成功了。

两只刺猬通过不断地调整姿势，相互之间拉开了适当的距离，不但互相之间能够取暖，而且很好地保护了对方。这个故事含蓄地暗示了人际关系的微妙之处，即强调人际交往中的一种"心理距离效应"。

　　将这种效应运用到沟通艺术之中，就要求我们需要与对方保持恰当的距离，不去随意过问对方的隐私。这是彼此之间保持良好形象的一种手段。

　　在现实生活中，我们在与人沟通交流的时候，总是希望尽量缩短与对方的距离感，但是不能带有盲目性，如果你在对方还没有接受你的时候就用带有攻击性意味的语言侵犯了他的个人空间，那么你势必会招致对方的反感，使之放弃与你继续交谈下去。

　　彬彬追求敏敏并不容易，敏敏是个挑剔的人，彬彬想了很多办法，却一直没能打动她，朋友笑话彬彬，让彬彬别瞎折腾了，他们说她曾经受过感情的重伤，不是那么好追求的。

　　可正当彬彬灰心失望时，上天给了彬彬一个好机会。有天深夜，敏敏突然打电话给彬彬，说她肚子疼得厉害。彬彬便飞快赶到了她的住处，只见她双手捂着肚子，泪水涟涟，十分痛苦的样子。彬彬毫不犹豫地背着她下楼，送她上医院。这次事件，让敏敏对彬彬的感情迅速升温，彬彬非常高兴，朋友们也都感到惊讶，不知彬彬用什么招数追求到了她。

　　跟敏敏恋爱那段时间，彬彬幸福得一塌糊涂，经过一年的考验，他们终于走上了红地毯。恋爱时，彬彬从来没有问过她的过去，一方面是彬彬尊重爱人的隐私，另一方面，也因为彬彬是个有些好嫉妒的人，他不想也不愿知道她过去的那些感情经历。婚前，彬彬就和她约定好——彼此不过问对方的隐私，给对方足够的空间。敏敏欣然同意，还同彬彬开玩笑说，自己也是个心胸不怎么开阔的人，要是知道彬彬过去有什么老情人，到时候可饶不了彬彬，所以还是不知道为好。

　　婚后不久，敏敏怀孕辞职在家。彬彬把她当公主一样伺候着，每天下班后，彬彬总是尽量推去各种应酬，直奔家里。吃过晚饭，他俩要么出去散步，要么在家听音乐、看电视，小日子过得宁静而温馨。

　　儿子出生后，更为彬彬这个小家带来了欢乐。然而就在这风平浪静的时刻，却无端掀起波澜。一次，正值长假期间，敏敏想去海边的城市旅游，彬彬建议去爬山，她却执意要去看海。谁也没想到，这次旅途带给他们的，除了痛苦还是痛苦。

旅游期间，彬彬郁郁寡欢、并不开心，敏敏察觉到了。她问彬彬怎么了，彬彬说没事。彬彬并不想告诉她——这里是他的伤心地。几年前，彬彬就是在那里，失去了他的初恋女友。彬彬和她从大学开始相爱，渐渐地她厌倦了彬彬。恋爱五年后，她提出分手，然后悄悄离开了彬彬。彬彬找了她半年，再次见到她时，她已判若两人。不再是那个清纯的大学生，却成了珠光宝气的阔太太。原来就在分开的那半年里，她找了一个比她大15岁的离婚男人，当时这对彬彬的打击是可想而知的。

这些事情彬彬从来没跟敏敏讲过，彬彬不想让她知道。再说，他们婚前也约定好不过问彼此的隐私。可没想到，在离开海边的前一天，彬彬和敏敏逛商场时，居然遇到了彬彬和初恋女友以前的同学。那同学说话口无遮拦，无意中露了口风，提到彬彬当年的初恋。尽管他意识到不妥，打着哈哈掩饰了过去，可敏敏还是听出了些端倪。

当天晚上，回想起当年的事，彬彬多喝了几杯酒，敏敏看出彬彬心情不好，随意问了彬彬句："过去是不是带前女友来这旅游了？怎么老是一副失魂落魄的样子？"那天彬彬是真的喝醉了，一时冲动酒后失言，便把自己跟初恋女友的事情全掏了出来。

她当时并没有说什么，彬彬还以为她没把这件事放在心上。可回到家后，她好像变了个人似的，天天问彬彬还有没有什么其他的事瞒着她，彬彬说真的没有了。她却一遍遍不停地问他，刚开始彬彬还笑着跟她解释，只是无论彬彬怎么解释，她都不相信。只要彬彬稍微不高兴，或者争几句，她就会冷嘲热讽，让彬彬去找他的初恋阔太太。

都是过去很久的事了，敏敏却总逼着彬彬回忆，对彬彬来说也是一种伤害。自此之后，敏敏似乎抓住了彬彬的把柄，动不动就提他的初恋女友说事，有时跟朋友们在一起时，她也要"宣传"一下，让彬彬很是尴尬。

就这样，俩人的感情似乎被冰封了一般，浸入彼此心灵的，是一抹刺骨的寒冷，是一场漫长而看不到尽头的煎熬。

在一个文明的环境里，每个人都应该尊重别人的隐私。随意过问对方的隐私向来被认为是缺乏修养的行为。于丹曾说："最恰当的距离是彼此互不伤害，又能保持温暖。"人与人之间是要保持一定距离的，尤其是夫妻之间。对于婚姻中的男女而言，坦诚相待是有必要的，但这并不等于强行剥夺对方保留隐私的权利。否则，很容易影响爱情的质量。

就像故事中的敏敏一般，不断追问丈夫的过去，甚至不惜以此为挡箭牌，在朋友面前毁坏彬彬的形象，使其难堪。试问一下，敏敏这样做了之后，她过得幸福吗？答案显然是不幸福。她知道了丈夫的隐私，心里无形中留下一个永远也解不开的结；彬彬的心理防线在被彻底打破之后，被过去的阴影困扰，说他内心苦不堪言，一点也不为过。想当初，两人在没有被这个"打破隐私"的魔障侵袭的时候，无论恋爱期，还是进入婚姻的殿堂之后，时光如同永不凋谢的玫瑰一样，充满了浪漫的馨香。今昔对比，不禁让人唏嘘不已。

因此，夫妻之间应该有隐私。两人彼此都能拥有一定的空间，才能保持新鲜感，延续爱情的激情！明智的人懂得，给对方空间就是给自己空间。他们不会过多地去侵占本该属于爱人的私人领域。要知道，爱人的心在很多时候是无法刻意把握的，彼此的爱要有足够的空间才能持久地燃烧。

无论多么亲密的人际关系，也应彼此保留一处个人心理空间。人们总以为亲密的人比如父母与子女之间，似乎不应当有什么隐私可言。其实，越是亲密的人，越要尊重对方的隐私。这种尊重表现为不随便打听、追问对方的秘密，也不随便向人吐露自己的隐私。过度的自我暴露，虽不存在打听别人隐私的问题，却存在向对方靠得太近的问题，容易失去应有的人际距离。

总之，保持恰当的距离才能给人以美的享受。因此，与他人交谈时，大家都应该重视"距离效应"的作用，发挥自己的聪明才智，将"距离"保持到最佳状态，处理好与他人间的关系，创造最佳的生活质量！

第一章　心理效应与沟通艺术

🔖 焦点效应：每个人都希望成为众人瞩目的焦点

焦点效应是人们高估周围人对自己外表和行为关注度的一种表现。焦点效应意味着人类往往会把自己看作一切的中心，并且直觉地放大别人对自己的注意程度。

焦点效应是一种非常普遍的心理，几乎所有人天生就有这样的心理需求。在现实生活中，焦点效应其实也是每个人都有过的体验。比如，同学聚会一起看集体合影的时候，每个人都能在第一时间内在照片上找到自己，并且会非常注意自己在照片里的形象；在与亲朋好友聊天的时候，几乎所有人都会有意无意地、自然而然地把话题转移到自己身上来；在各种社交场合，几乎所有人都会想方设法博取别人的关注，甚至想成为全场的焦点……总而言之，不管在什么情况下，不管在什么样的场合中，每个人都希望自己能得到关注，每个人都觉得自己就是焦点。

焦点效应给我们这样的启示：既然每个人都有一种"想让自己成为焦点"的心理，那么，我们在与他人交谈的过程中就不能忽视人们的这种心理。为了提升我们的交际能力，我们应该学会洞察不同场合里的人们的"焦点心理"，甚至应该尝试着在谈话中去满足对方的"焦点心理"。相反，如果我们在谈话中过于考虑自己的内心感受，而从来不考虑对方的"渴望被重视"的"焦点心理"，就可能在人际交往中遇到麻烦。我们一起来看这样一个小故事：

年轻的业务新手小彬和自己的业务主管楠楠到一家公司洽谈生意。项目负责人赵经理很客气地接待了两位客人。

小彬和楠楠坐下还不到半分钟，也许是急于想在业务主管面前表现自己的能力吧，他就迫不及待地开口谈起了此行的目的，向赵总的公司推荐自己公司的产品。

别看小彬只是个业务新手，口才却的确不错，他一口气足足讲了半个小时，把自己公司产品的优点介绍了好几遍。然而，他就是没有注意到赵总好几次欲言又止的表情。

小彬说完后，用满脸自信的表情看看赵总和楠楠，以为这笔生意肯定是谈成了。

然而令小彬失望的是，赵总只回复了他几句冷冷的客套话："小伙子的口才的确不错，前途无量啊！至于单子的事情，我看我们今天还是先谈到这里吧。我等一会儿还要开会。等我们这边有了确定的合作意向，我们会和二位联系的。"

结果事后若干天过去了，赵总那边还是杳无音讯。打电话一问，原来对方已经与其他公司签订了相应产品的合同。

再看另外一个故事中，晓晨是怎么做的：

晓晨走进了客户王总的办公室。客户当时正在打电话。她静静地坐了下来，观察了一下客户的办公室。客户的后面是一个书柜，前面的桌子上摆着一张穿着博士服的照片，照片一侧竖写了四个大字"大展宏图"，照片被装裱了起来，看起来非常不错。

客户打完电话，晓晨说："王总，您是博士毕业啊？读的哪所大学啊？您是博士又掌管着这么大的一个公司，国内像您这样的董事长可不多啊！"

客户一听，立刻哈哈大笑："哪里，哪里，过奖了，这是我以前在读……"客户讲起了自己的事。

客户谈了一会儿，就主动切入正题，谈起了产品。但是，晓晨说出了价格，客户不再说话了。晓晨很快反应过来，说："王总，照片上的字是您写的吧，真有气势，您对书法肯定也很有研究吧？"

客户一听，说道："过奖了……我以前……"最后，晓晨成功地谈成了这笔生意。

在沟通交流的过程中，首先要将对方放在第一位，才有可能赢得好感。故事一中的小彬之所以会失败，从很大程度上来讲，是他没有很好地掌握人们的"焦点效应"心理，像晓晨一样，时刻以客户为中心，专注于对方的所思所想，在消除了客户戒心的基础上，再适时推销己方的产品才是成功的王道。

那么，如何巧妙利用焦点赢得他人的好感呢？不妨从以下三个方面着手。

1. 虚心请教

虚心请教是表示你重视对方，并让对方对自己产生好感非常重要的一个方面，即使是一对一的个别谈话也应如此。

你可以向对方说："让我听听你的经验。""关于这个问题你有什么意见？""关于我的观点，你还有什么需要补充的地方？"用这样的方式引发对方的思考，创造他说话的机会。注意，态度一定要谦和，这样才会让人听起来更悦耳舒服。

2. 找到对方感兴趣的话题

在谈话的过程中，如果能够找到对方感兴趣的话题，让对方时刻感受到自己才是整个话题的核心，借此来进行交谈，那么你就会打破交谈的"瓶颈"，使交谈得以顺利进行下去。

3. 由衷地欣赏和赞美别人的优点、长处

与人相处时，能由衷地欣赏和赞美别人的优点、长处，让对方感到自身的优越性是获得良好人际关系的基石。

因此，在日常的人际交往中，千万别忘了发现别人的长处，多说别人的好话。这就需要平时细心观察对方的穿着打扮、身材，并多了解他的个人修养、价值观及个人喜好等。这样，夸奖一个人也就有的放矢了，而不至于让对方觉得你是在溜须拍马而对你非常反感。

逆反心理：千万不要硬碰硬，因为任何强迫感都会伤害他人的自尊

"逆反心理"是指，人们彼此之间为了维护自尊，而对对方的要求采取相反的态度和言行的一种心理状态。生活中常会发现一些人"不受教""不听话"，常与教育者"顶牛""对着干"。这种与常理背道而驰，以反常的心理状态来显示自己的"高明""非凡"的行为，往往来自于"逆反心理"。

为了避免激起别人的逆反心理，我们说话时要注意语气、语调与用词。尽量避免使用命令的辞令，每个人都不喜欢被命令、被驾驭、被强迫或被规定做任何事。有些词像"应该""必须""务必""一定"等，都是激起反抗情绪的祸端，命令会引起抗拒的心理。相反，应该以征求同意的方式，尽量使用"我们"，而不要使用"我""你""你们"。千万不要硬碰硬，你最好以温和的方式说出你的道理、想法、观念、意见、理想和问题。尽量避免使用那些容易引起摩擦的文字，以免造成不愉快的关系。

峰峰刚上初三，父母对他寄予了很大的期望，他们希望儿子在未来能够展翅高飞，做一个国家的栋梁之才。

这天晚上，峰峰正在看韩寒的《三重门》，边看边喝彩。峰峰的父亲很奇怪，儿子今天为何这么激动？因为平时他看书总是悄无声息的。于是，爸爸便问峰峰："有什么值得喝彩的？说出来让爸爸也见识见识！"

峰峰便把韩寒那种叛逆精神讲给爸爸听，爸爸听后却不以为然，有点不高兴地说："以后不要再看这样的书了，这会影响你学习的积极性，你还是好好上你的课吧，这样将来才会有出息。"

"韩寒的学习不好，可是你看他现在多有出息啊！做自己喜爱的工作，还玩赛车，这也是我向往的生活！"峰峰接过话茬，兴奋地说。

"韩寒这样的是极少数，你看看有几个有出息的人是韩寒这样的啊？别

学他的什么叛逆精神，对你一点儿好处都没有！"爸爸严厉地说。

"跟你也说不明白，反正我就爱看他写的文章！再说了，将来有没有出息是我自己的事，你们别管我！"说完，峰峰走进了自己的房间，继续看《三重门》去了，留下一脸愕然的爸爸独自在客厅坐着。

如果对孩子的逆反心理与逆反行为听之任之，就会阻碍他的成长，甚至导致病态的人格。反之，如果对其粗暴制止或强行压制，则又会加剧孩子的逆反心理，将他们推向另一个极端。

其实，父母疏导孩子最重要的技巧就是同理心，也称同感，是指站在孩子的立场看问题，尽力感受孩子体验到的情感。同理心并不是要求家长有跟逆反心理孩子一样的逆反心理或言行，而是要求家长设身处地地考虑孩子所遇到的问题，体会孩子的心理感受。

比如：如果故事中峰峰的父亲能够用同理心来对待孩子的问题，那么效果会迥然不同："峰峰，我明白你现在的想法，你学习压力大，心理负担重，向往着有一天和韩寒一样玩赛车，做自己喜欢做的事情，这个想法本身没有错，爸爸年轻时候也这样想呢！可是又怕由于自己的叛逆，失去了学习的黄金时间和宝贵机会，所以我还是选择了认真学习。你现在的心情爸爸特别能理解，我也相信你会做出正确的选择！"父亲如果站在理解孩子的立场上，用同理心来疏导孩子的逆反心理，帮助孩子正确对待叛逆，效果可能会更好。

谁都希望改变他人的思想，假如你想影响他人接受你的思想方式，最好的办法就是让他人觉得这个想法是他自己的。让他人觉得办法是他或她想出来的，这种方法的运用在商场和政坛上最为常见。

北卡罗来纳州王山市的凯塞琳·亚尔佛德是一家纺纱工厂的工业工程督导，她很会处理一些敏感的问题。

她职责的一部分，是设计及保持各种激励员工的办法和标准，以使作业员能够生产出更多的纱线，从而使她们同时能赚到更多的钱。在只生产两三种不同纱线的时候，所用的办法还很不错，但是最近公司扩大产品项目和生产能量，以便生产十二种以上不同种类的纱线，原来的办法便不能以作业员的工作量而给予她们合理的报酬，因此也就不能激励她们增加生产量。凯塞琳已经设计出一个新的方案，能够根据每一个作业员在任何一段时间里所生产出来的纱线的等级，给予她适当的报酬。设计出这套新方案之后，她参加了一个会议，决心要向厂里的高级职员证明这个办法是正确的。凯塞琳说她们过去用的办法是错误的，并指出她们的不能给予作业员公平待遇的地方，以及她为她们所准备的解决办法。但是，这却导致了严重的失败。她只是忙于为新办法辩护，而没有留下余地，让她们能够不失面子地承认老办法上的错误，于是这个建议也就胎死腹中了。

之后，凯塞琳认真思考了其中的原因，并请求召开另一次会议，而在这一次会议之中，她请其他人说出问题到底出在什么地方。然后讨论每一要点，并请她们说出最好的解决办法，在适当的时候，她以低调的建议引导她们按照自己的意思把办法提出来。等到会议结束的时候，实际上也就等于是自己的办法提出来，而她们也热烈地接受这个办法。

当我们有一个很好的想法时，不要急于去证明它的正确性。假如可以低调地将它融入他人的观点中并提出，收到的效果要好于急切的争论。凯塞琳成功地提出了她的意见。这成功并不是来自于她急切的争辩，而是在于她将这些想法巧妙地变成了别人的想法。

受欢迎的说话高手并不一定所有的话都要自己说出来，有的时候，让对方不知不觉地将自己所期望的话说出口，获得的效果会更好。正如古拉得·力伊帕在《进入别人的内心世界》一书中所说的："把别人的感觉和观念与自己的感觉和观念置于相同的位置，并把它表现出来，这样谈话的气氛就会融洽起来。当你在听别人谈话时，要根据对方的意思来准备自己将要说的话，那样，由于你已理解和认同了他的观点，他也就会理解和认同你的观点。"

让我们谦虚地对待周围的一切，鼓励别人畅谈他的想法，自己不要喋喋不休地自夸。每个人都有相同的需求，都希望别人重视自己、关心自己，我们应当少说一些，让别人的想法得到重视，这样对我们会有好处的。

在人际交往中，交往的双方都要承认"一种米养百样人"，你有你的看法，我有我的观点。在不应一味迎合别人口味同时，也不能强求他人完全按自己的意志行事。要多从别人的立场想问题，他人的人生观、价值观、个性和行为习惯是长期形成的，除非发生重大事件或受到严重挫折，是难以改变的。但是，只要你能抱着同理之心，站在他人的立场上想问题，你就会发现，对方的所思所想、所喜所忌都进入了你的视线中，在各种交往中，你就可以从容应对。任何人都需要尊重，任何人都不愿意被忽视。

参透心理学奥秘：通过言谈破解对方的"心灵密码"

心理学家会通过语言来破解人们的"心灵密码"。如果我们懂得心理学的奥秘，破解说话对象的"心灵密码"，这样你就会形成一套自己的"说话艺术"，从而成为沟通的"策略高手"。

言谈习惯透漏一个人内心的秘密

一位知名人士曾说过："人类有两种表情：一种是脸上所呈现的表情，一种是说话时传达给对方的信息。"可见，语言是人类的第二表情。我们每个人都有属于自己的言谈习惯。据心理学家研究发现，一个人的言谈习惯具有某种心理投射功能，在一定程度上揭示了说话者的内心世界。所以，我们可以从一个人的言谈习惯去认识和了解这个人，这往往比通过形象去认识一个人更为靠谱。

1.常说错话的人心口不一

如果你身边有人总是说错话，你就要注意了，因为这样的人很可能是那种心口不一的人。

古人曾经说过："言为心声。"一个人心中有什么，口中就有表达出来的欲望。但是那些表里不一的人自然不愿意说真话、说老实话、说心里话，他们会把这些话隐藏在心里，禁止它们表达出来。但是越是禁止，表达的欲望就越是强烈，所以，他们很多时候都会说漏了嘴，把不想说的话说了出来。在这种情况下，尽管他们会以"不小心""不是真心的"为借口为自己开脱，但是我们千万不要轻易相信他们。

2.偏爱辩论的人实则懦弱

在生活中有这样一种人(以男人居多)，他们喜欢抬杠，和别人谈着谈着就抬起杠来，并且有一副不把对方辩得哑口无言誓不罢休的架势。

这种人虽然看上去气势汹汹、盛气凌人，其实内心是懦弱的。他们内心充满了孤寂和害怕，为了掩饰这样的情绪，他们千方百计找人辩论，以显示自己的强大。而真正强大的人不会只表现在口头上，更表现在行动上。

3.说话时不停点头或者摇头的人难成大事

在生活中有这样一类人，你无论说什么，他都会不停地点头，一副唯唯诺诺的样子。这样的人很难做出一番大事来，因为他们很少有自己的观点，总是被动地接受别人的想法，就算他们有了自己的观点，也不敢去否定对方，尽管非常不情愿，最后还会按照别人所说的去做。这种总是活在别人影子下的人，自然很难做成大事。

还有一种人恰恰相反，他们心高气傲、自视甚高，只要对方一说话他就不停地摇头，对任何人都不尊重。这样的人也很难做成大事，因为他们听不进别人的话，人际关系也非常差。当他们遇到挫折的时候，很容易一蹶不振，被消极和悲观的情绪笼罩起来。

4.边说话边打手势的人说服力强

有些人在说话时会情不自禁地做出一些手势，如摆手、拍打掌心等，好像是在强调说话内容的重要性。这样的人大多是外向型的人，他们自信心强，行事果断，在讲话时很容易煽动人心，让大家去信服。正因为这样，他们具有很强的领导能力。

5.从口头禅"谛听"对方的内心世界

口头禅是人们言谈习惯的一部分，是说话人在生活中不自觉形成的一种说话方式，带有很深的性格烙印。例如，"中国飞人"刘翔的口头禅是"对"，他经常用"对"来断句、过度，显示出内心的自信，以及对他人所抱有的善意和期望，再比如刘德华的口头禅是"不要啦"，用这种温柔的方式来显示出他内心中有很多拒绝的声音，希望媒体和影迷能够网开一面，不要对他的私事过多地纠缠。

（1）要知道、我明白、我理解

说这类话的人都非常聪明，往往能够举一反三、闻一知十。他们的逻辑能力非常强，反应也非常机敏，往往能够从说话人的言谈话语中领悟到对方意图。不过这类人也有其固执的一面，有时对自己很自信，无法听进别人的劝告。

（2）这个、那个、啊、呀、哦、嗯

爱使用这类口头禅的人可以分为两种：第一种人思维反应较慢，他们总是理不清思路，所以经常用停顿、缓和的语气词，第二种人则恰恰相反，这种人做事谨慎、城府较深，他们经常使用这类语气词是为了谨慎思考，以防

第二章　参透心理学奥秘：通过言谈破解对方的"心灵密码"

自己说错话。

（3）说真的、老实说、的确、不骗你

常说这类口头语的人通常缺乏自信，他们总担心别人不信任自己，所以一再强调事情的真实性。这类人性格通常有些急躁，希望得到朋友的认可和信赖。不过他们越这样再三强调，越发让人觉得可疑。

（4）好啊、是啊、对啊、有道理

经常使用这类口头禅的人通常比较圆滑，甚至有些阴险。他们用这些口头禅表示出顺从的意思，让别人对他们毫无防范。等到对方信以为真，把心窝的话讲出来后，他们会抓住对方的弱点，以后用来对付对方。这类人看似很温顺，但是你若损害了他们的利益，他们马上会变换一张嘴脸，与你反目成仇。

（5）据说、听说、听人说、一般来讲

经常使用这类口头禅的人通常比较圆滑，精于人情世故。他们在讲话的时候故意遮掩，处处给自己留出余地。

（6）我要、我想、我不知道

经常说这类话的人大多思想单纯，他们做事的时候喜欢意气用事，并且情绪不是很稳定，有时候让人有一种捉摸不透的感觉。

（7）可能是、也许会、大概是、差不多

爱讲此类口头禅的人自我防范意识特别强，他们通常比较老练，懂得自卫，在待人接物的时候能够保持冷静，所以在人际关系方面处理得非常好。这类口头禅有一种以退为进的意味，很多政治人物都喜欢用这样的口头禅。

透过招呼惯用语洞察一个人的性格

见面打招呼、问好是人们在交往中互相表示友好和认定的一种方式。正因为打招呼是人们见面时最简便、最直接的礼节，是人人都需要实施的行为，极具普遍性，在日常生活中出现的频率极高，所以，打招呼的方式也就透露出了关于这个人的性格消息。

打招呼的方式因人而异，从打招呼和应答的方式中，都可以或多或少洞察出人的性格。

1.打招呼时双方的距离，可显示出双方心理上的距离

双方相互打招呼的时候，若能观察对方与你之间保持的距离，就会洞察对方心理状态的特点。

比如对方在打招呼的时候，故意后退两三步，也许他自己认为这是一种礼貌，表示谦虚，然而这种小动作往往让人误解是冷漠的表现，以致引不起话题，同时也难以开怀畅谈。像这种有意拉长距离的人可视为警戒心、谦虚、顾忌等情感的表现。

如果下意识地保持距离，说明了对对方的疏远、警戒，试图造成对自己有利的气氛，使对方的心理状态处于劣势。

2.边注视边点头打招呼的人，怀有戒心

有些人在打招呼时，一直凝视着对方的眼睛来点头，其心理是利用打招呼，来推测对方心理状态，并含有对对方保持戒心，企图比对方优越的表现。

心理学家建议，要想和这种人接近，应特别注意诚意。若在处于这种心理状态的人前暴露自己的缺点，则会被对方瞧不起，所以不能操之过急，应采取长时间接近法。

3.不看对方的眼睛来打招呼，大都有自卑感

如果你注意对方的眼睛打招呼，但对方不看你这边的眼睛而做应答招呼，那并不是看不起人（当然也不排除特例）。这时，你姑且平静心态相对。因为，对方实在是因为怕生人而胆小，或有强烈的自卑感，并非自傲、瞧不起人，在此时如同"被蛇看上的青蛙"。你切记不要做那条"蛇"，这样双方才能平等、互相了解。

4.初次见面就很随便打招呼的人，是想形成对自己有利的势态

初次见面就很随和地打招呼的人，往往使人大吃一惊。有人会认为这样的人很轻浮，其实这种人往往很寂寞，非常希望与别人接近。去酒吧或俱乐部时，坐在自己旁边的女士，虽然是初次见面，却很亲热地与自己交谈，事实上是为了使当时的形势变得有利于她自己。

心理学家提醒，当遇到"见面熟"的男性时，女性要特别小心，切勿使男性有机可乘。这种男性的性格大方，罗曼蒂克，是个滥情家，性情懦弱，迷恋女性，且其中不乏游手好闲的男性。

5."招呼用语"揭示人的性格

美国心理学家斯坦利·弗拉杰博士声称，从一个人的打招呼用语，可以了解这个人自身的好多东西。能揭示性格的招呼语，是指你刚刚结识某人或与熟人相遇时，你最经常使用的那一种。在这里，弗拉杰博士举出的几种常见的招呼语，每一种均可揭示出说话者的性格特征：

"你好。"这种人头脑冷静得近乎于保守，对待工作勤勤恳恳，一丝不苟，能够控制自己的感情，不喜欢大惊小怪，深得朋友们的信赖。

"喂！"此类人快乐活泼，精力充沛，渴望受人倾慕，直率坦白，思维敏捷，富于创造性，具有良好的幽默感，并善于听取不同的见解。

"嗨！"此类人腼腆害羞，多愁善感，极易陷入为难的境地，经常由于担心出错而不敢做出新的尝试。但有时也很热情，讨人喜爱，当跟家里人或知心朋友在一起时尤其如此；晚上宁肯同心爱的待在家中，而不愿外出消磨时光。

"看到你真高兴。"此类人性格开朗，待人热情、谦逊，喜欢参与各种各样的事情，而不是袖手旁观。这类人是十足的乐观主义者，常常沉于幻想，容易感情用事。

"你怎么样？"这类人喜欢抛头露面，利用各种机会出风头，惹人注意；对自己充满了自信，但又时时陷入迷惘。行动之前，喜欢反复考虑，不轻易采取行动；一旦接受了一项任务，就会全力以赴地投身其中，不圆满完成，绝不罢休。

"有啥新鲜事？"这种人雄心勃勃，凡事都爱刨根问底，弄个究竟，热衷于追求物质享受并为此不遗余力。办事计划周密，有条不紊；遇事时宁愿洗耳恭听，而不愿表态。

"过来呀！"此类人办事果断，乐于与他人共享自己的感情和思想，好冒险，不过能及时从失败中吸取教训。

通过语速和语调了解对方的内心世界

一般说来，在言谈中足以表现出一个人的态度、感情和意见。固然，言谈的内容是表现的因素，但言谈的速度、语调、抑扬顿挫，以及润饰等，亦足以影响谈话内容的效果。我们往往在无意中，会经由这些因素，表现出所谓的言外之意。而听者也会设法通过这些因素来试图了解对方的心思。在言谈中，也可能带有弦外之音，但是只要仔细捉摸，便不难看出其中的端倪，了解其真正的意图。

在说话过程之中，人的内心感受会直接影响声音，而另一方面，声音的节奏也是内心活动的一种表现。

声音不但与气能结合，也和音乐相呼应。因为声音会随内心变化而变化，因此，内心平静声音也就心平气和；内心清顺畅达时，就会有清亮和畅的声音；内心渐趋兴盛之时，就有言语偏激之声。

这样，就可以从一个人的声音里判断这个人的内心世界。曾经有心理学家做过这方面的研究，认为：内心不诚实的人，说话声音支支吾吾，这是心虚的表现；内心诚信的人，说话声音清脆而且节奏分明，这是坦然的表现；内心卑鄙乖张的人，心怀鬼胎，因此声音阴阳怪气，非常刺耳；内心宽宏柔和的人，说话语调温和如水，好比细水之流，舒缓有致。

在说话方式的特征中，首推速度。速度快的人，大都能言善辩；速度慢的人，则较为木讷。此均为每个人固有的特征，依人的性格与气质而异，不过，在心理学中，所要注意的便是如何从与平时相异的言谈方式中了解对方心理。

平日能言善辩的人，有时候忽然结结巴巴地说不出话来。相反，平时讲话木讷不得要领的人，却突然滔滔不绝地高谈阔论。遇到这种情况，我们应小心谨慎，一定发生了什么问题，应仔细观察，以防意外。

1.言谈的速度是了解对方心理的关键

一般来说，当言谈速度比平常缓慢时，表示不满对方，或对对方怀有敌意。相反，当言谈的速度比平常快速时，表示自己有短处或缺点，心里愧疚，言谈内容有虚假。

从心理学的角度看，这种情形是因为，当一个人的内心中有不安或恐惧情绪时，言谈速度便会变快。凭借快速讲述不必要的多余事情，试图排解隐藏于内心深处的恐惧。但是，由于没有充分的时间让他反省自己，因此，所谈话题内容空洞，遇到细心的人，便不难窥知其心里的不安状态。

在现代的职场中，如果你是一位管理人员，对工作中发生的这种语音上的反常行动，要引起密切的注意。

2.从言谈的语调中可了解对方的心理

与说话速度同样可以呈现心理特征的，便是语调。以丈夫在外做亏心（风流）事为例，假使被太太识破的话，则其强辩的声音必定会立刻升高。日本一位作曲家曾在杂志样刊中叙述道："当一个人想反驳对方意见时，最简单的方法，就是拉高嗓门——提高音调。"的确如此，人总是希望借着提高音调来壮大声势，并试图压倒对方。

音调高的声音，是幼儿期的附属品，为任性的表现形态之一。一般而言，年龄越高，音调会随之相对地降低。而且，随着一个人精神结构的逐渐成熟，便具备了抑制"任性"情绪的能力。但是，例外的情况自然难免，有些成人音调确实是相当高的。这种人的心理，便是倒回幼儿期了，因此，自己无法抑制任性的表现。在此情况下，也绝对无法接受别人的意见。

在有女性参加的座谈会上，如果有人的批评似乎牵扯到某位女士，于是被批评的那位女士便会猛然发出刺耳的叫声，并像开机关枪似的开始反驳，使得与会者出现哑口无言的场面，座谈的气氛即刻荡然无存。音调高的声音，被看作精神未成熟的象征。

言谈之中，还有所谓的抑扬顿挫。说话时抑扬顿挫强烈的人往往是希望引起对方注意的人，这种人的性格具有强烈的表现欲。

3.从言谈的韵律了解对方的心理

在言谈方式中，除了音速和音调之外，语言本身的韵律也是重要的因素。从言谈的韵律上，可以看出一个人的性格特征。说话比较缓慢的人，大都是性格沉稳之人，他处事做人是通常所说的慢性子。

充满自信的人，谈话的韵律为肯定语气；缺乏自信的人，或性格软弱的人，讲话的韵律则慢慢吞吞。其中，也会有人在讲一半话之后说："不要告诉别人……"继而悄悄说话。此种情况多半是秘密谈论他人闲话或缺点，但是，内心却又希望传遍天下的情形。

话题冗长，需相当时间才能告一段落的情况，也说明谈论者心中必潜在着惟恐被打断话题的不安。惟有这种人，才会以盛气凌人的方式谈个不休。至于希望尽快结束话题交谈的人，也有害怕受到反驳的心理，所以试图给予对方没有结果的错觉。另外，经常滔滔不绝谈个不休的人，一方面目中无人，一方面好表现自己，这种类型的人，一般性格外向。

一个成功的政治家和企业家．在控制言谈的韵律方面，都有独到之处。这种细节性的处理方式，使自己赢得了社会或下属的认可与尊重。

谎言：口是心非的另一面

人生活在这个社会上，有时为了某种需要，或者有难以直言之处，时常想隐瞒自己的真正思想情绪，出现口是心非、表里不一的状态。

记得有一位知名作家说过："我们几乎在会说话的同时，就学会了撒谎。"小孩子为避免斥责而撒谎，大人撒谎的动机就多种多样了。可以说，从来没有撒过一次谎的人，世界上是没有的。于是，撒谎也就成了人际交往与沟通中的一种生活的必需。在自然状态下，人的表情这一"体语"比口头言语能更真实地流露内情。美国加利福尼亚大学心理学教授埃克曼在他的《鉴别说谎》中写道：破谎术是一门任何人都能学会的技巧。因为在撒谎期间，多数人不知不觉地泄露出大量的信息。判断真诚与否的关键是密切注意说话者的面部、躯体、声音所发出的信号。他说："说谎者通常是不能控制、支配、掩饰自己所有行动的。"

生活中善意的谎话是为了勉励别人，是没有人会产生非议的。比如对于癌症患者，要不要把实情告诉他，这是很难决定的问题。

还有一种"幻想的谎话"，为数也不少。有些人整天陶醉在自己的梦幻世界里，经常痴人说梦话，自己欺骗自己。这种"幻想的谎话"，如果不很严重或不很过分，也就没有多大关系。

谎话的定义很广。人在行为上所表现出来的虚伪，也是谎话的一种。有一种人，在人前一本正经，说的话也非常动听，可是他在独处时的一举一动，却与人前所表现的截然不同。

埃克曼归纳出了撒谎者会流露出来的一系列表情特征，从而为人们提供了许多有益的识别日常说谎者的方法：

第一，拖长的微笑或拖延的惊讶表情。可能是虚假的。几乎所有真实可信的面部表情4～5秒后就会消失。

第二，说谎者的面部表情和身体动作通常不是同步发生的。猛敲一下桌子而停顿下来才显出怒容的人可能正在作假。

第三，扭曲的或不对称的面部表情通常是欺骗人的。

第四，当一个人心烦、担忧、生气的时候，70%的人音调会突然提高。这是发现他们可能在说谎的一条线索。

讲话中，常发生言语中断和口误、奇怪的停顿等现象，这也往往可以看出是在说谎。

技艺高超的破谎者还必须密切注意看准人的面部肌肉活动。因为对于多数人来说，一些面部肌肉活动几乎不能够装出来。例如，真正悲哀的人，内眉角上挑。说谎者有一个富有启发性的特点，随意移动眉毛的这一部位，而不说谎的人只有大约10%的时间移动眉毛这一部位的内眉角。

压制感情的面部表情一闪，迅速又恢复常态，这也是说谎者的表情特征之一。

撒谎的重要迹象是在姿势这一"体语"方面出现"泄漏标志"。一个伪装面部表情的人，常会在体姿方面泄露天机。如某人撒谎时，指指点点、比比划划的手势，往往戏剧性地出卖了他自己。

手势不易伪装的原因在于，当人的大脑进行某种思维活动时，他的大脑会支配身体的各个部位发出各种细微信号，这是人们不能控制而且也是难以意识到的。当人做出一种伪装手势的时候，他的细微信号和他的有声语言就会出现矛盾。撒谎者的音调和用词特征：一些研究表明，当一个人撒谎时，他的平均音调比说真话时高一些。

通过言谈捕捉对方心理

我们经常说相由心生，通俗地讲就是人的心理活动是支配他外在行为的根源，无论他多么擅长掩藏，但总可以透过一些蛛丝马迹探究到他内心的真实情况，而这些蛛丝马迹在言谈的过程中表现得最为突出。在人们的日常生活当中，语言起着举足轻重的作用，几乎每个人都离不开语言，每个人都要说话。语言是一个人心理活动的外在体现。通过细心观察，我们就可以从一个人的言谈方式中把握对方的心理活动。

善于倾听的人，大部分是一个富有自己缜密的思维、独特的思想，而又性情温和、谦虚有礼的人。他们或许并不太能引起别人的注意，但通过一段时间的交往，一定会得到别人的依赖与尊重，他们善于思考，虚心好学，是值得信任的朋友。

能说会道的人，大多数的反应速度快，思维比较敏捷，随机应变的能力强。他们善于交谈，与他人讲大道理，以显示自己的圣明。该类型的人圆滑世故，处理各种各样的问题都非常的老练，他们在绝大多数的时候会很招别人的喜欢，由此人际关系也会很不错。

在说话中常带奇思妙语者，他们大多比较聪明和睿智，具有一定的幽默感，比较风趣，而且随机应变能力强，常会给他人带去欢声笑语，很招他人的喜欢。

在谈话过程中转守为攻者，多心思缜密，遇事能够沉着冷静地面对，随机应变能力强，能够根据形势适时地调节自己。他们做事一向稳重，从不做没有把握的事情，总是首先保证自己不处于劣势，然后再追求进一步的成功。

与人交流过程中，能够运用妙语反诘的人，不但会说，而且还会听，当发现形势对自己不利的时候，能够及时抓住各种机会去反击，从而使自己处于主动的地位。

善于根据谈话的进行，适时地改变自己言谈的人，大都头脑比较灵活，能够在极短的时间内，准确地分析自身的处境，然后寻找恰当的方法得以解脱。

言谈十分幽默的人，多感觉灵敏，胸襟豁达，心理健康，他们做事很少死板地去遵循一定的规则，甚至完全是不拘一格。他们十分灵通、圆滑，显得聪明、活泼，有很多人都愿意与他们交往，他们会有很多的朋友。

在谈话过程中，常常说一些滑稽搞笑的话以活跃气氛的人，待人多比较亲切和热情，并且富有同情心，能够顾及他人的感受。

在与人谈话期间，善于以充分的论证论据说服他人的人，大多是相当优秀的外交型人才。他们能够通过自己独特的洞察力，常常对他人有一定的了解，然后使自己占据一定的主动地位，使他人完全按自己的思路走，以赢得最后的胜利。

自嘲是谈话的最高境界，善于自我解嘲的人多有比较乐观、豁达、超脱、调侃的胸怀和心态。

在谈话中善于旁敲侧击的人多能听出一些弦外之音，又较圆滑和世故，常做到一语双关。

在谈话中软磨硬泡的人，多有较顽强的性格，有一股不达目的誓不罢休的精神，一直等到对方实在没有办法、不得不答应时才罢手。

在谈话中滥竽充数的人，多胆小怕事，遇事推卸责任，凡事只求安稳太平，没有什么野心。

避实就虚者常会制造一些假象去欺骗、糊弄他人，一旦被揭穿，又寻找一些小伎俩以逃避、敷衍过去。

固持己见者从来听不进他人的意见和建议，哪怕他人是正确而自己是错误的。

在言谈的过程中看透他人的心思，其实并不难，重要的是要学会倾听，倾听的过程要自然，特别是自己的眼神不要乱，不要走神，不然让对方首先看穿你的心思。

幽默是灵光乍现的惊艳：让你拥有强大的魅力气场

中国著名音乐学家钱仁康说："幽默是一切智慧的光芒，照耀在古今哲人的灵性中间。凡有智慧素养的人，都是聪敏颖悟的。他们会用幽默手腕解决一切问题，而把一种事态安排得从容不迫，恰到好处。"诚然，幽默作为一种极富创造力的语言艺术，在平时人与人的沟通交流中有着至关重要的作用——若说人际交往是一门艺术，幽默正是这门艺术的绝招，可以彰显你强大的个人魅力。

📚 "笑果"好极了，魅力要来挡都挡不住

普拉斯曾说："魅力有一种能使人开颜、消怒，并且悦人和迷人的神秘品质。它不像水龙头那样随开随关，突然迸发。它像根丝巧妙的编织在性格里，它闪闪发光，光明灿烂，经久不灭。"

什么样的人才能彰显出如此吸引人的魅力呢？或许，每个人心目中都有自己的答案，比如自信的人，沉稳的人，有气质的人……诚然，自信的人激情四射，沉稳的人含蓄内敛，有气质的人高雅端庄……不过，也有不少人首先想到这样一个答案——幽默，因为幽默往往折射出一个人智慧的光芒，是一种有趣而意味深长的交往方式。

记得有一句话说："相声让人在放松中开怀地笑，喜剧让人在欣赏中会心地笑，幽默却让人在思考中含蓄地笑。"幽默大师查理·卓别林也曾说过："幽默是智慧的最高体现，具有幽默感的人最富有个人魅力，他不仅能与别人愉快相处，更重要的是拥有一个快乐的人生。"因此，幽默是人生智慧的精灵。幽默的人走到哪里，哪里就充满欢笑。

娜娜和小浩进入了热恋阶段，他们在公园里如痴如醉地亲热后，娜娜问："我问你，不要瞒着我。你和我亲热之前，有谁摸过你的头，揉过你的发，捏过你的颊？"

小浩说："啊，这太多了，昨天，就有一个……"

娜娜愕然，忙问："谁？"

小浩说："理发师。"

小浩将"还有什么女孩子亲热你"的概念转移到"理发师"身上，机智高妙的风趣应答耐人寻味，谁不为之一笑呢？

在生活中，幽默是一种洒脱、积极、豁达、机智而诙谐的人生态度。幽默是一株能结出丰盛果实的树，笑过之后的效果好极了。无论是作为管理者、员工、教师、公务员、演员还是学生，幽默都会使大家更有层次和魅力。比如电视主持人由于幽默风趣，魅力无穷，主持的节目收视率也会大大提高。

老舍先生说过："幽默者的心是成熟的。"幽默的语言能使矛盾的双方摆脱困境，使僵局打破，并在笑语中消逝。

曾有位企业女高管，整天忙于工作和应酬，怠慢了丈夫，丈夫要同她离婚。当丈夫问她离婚后要什么东西时，她以撒娇的口吻说："我什么都不要，只要你。"

丈夫听了之后不禁心里一热，深深将妻子拥入怀中。

小小的玩笑，既显示出了这位高管颇具女人味的一面，也让可能发生的争执烟消云散。

在家庭生活中，男人常常会因为自己的妻子为赶时髦去购买时装而产生烦恼，免不了一番发泄，但这势必会伤害夫妻之间的感情。如果你是一个有修养的男子，面对这样的窘境，即使是批评，也应该采取一种幽默的方式，既消弭矛盾，也不伤彼此之间的和气，为生活增添一份情趣。

真正的幽默，应该是机智百变，妙趣横生，让人在发笑之余忍不住琢磨，并且越琢磨越有味道，有茅塞顿开的启悟。我们再来看另外一则充满智慧的幽默故事：

英国前首相威尔逊与一个小孩有过一件趣事。

有一天，威尔逊在一个广场上举行公开演说。当时广场上聚集了数千人。突然从听众中扔来一个鸡蛋，正好打中他的脸。安全人员马上下去搜寻闹事者，结果发现扔鸡蛋的是一个小孩。威尔逊得知之后，先是指示属下放走小孩，后来马上又叫住了小孩，并当众叫助手记录下小孩的名字、家里的电话与

第三章　幽默是灵光乍现的惊艳：让你拥有强大的魅力气场

地址。台下听众猜想威尔逊是不是要处罚小孩子，于是开始骚乱起来。

不久后，威尔逊要求会场安静，并对大家说："我的人生哲学是要在对方的错误中，去发现我的责任。方才那位小朋友用鸡蛋打我，这种行为是很不礼貌的。虽然他的行为不对，但是身为大英帝国的首相，我有责任为国家储备人才。那位小朋友从下面那么远的地方，能够将鸡蛋扔得这么准，证明他可能是一个很好的人才，所以我要将他的名字记下来，以便让体育大臣注意栽培他，使其将来能成为我国的棒球选手，为国效力。"

威尔逊的一席话，把听众都说乐了，演说的场面也更加融洽。

一个人的语言可以像优美的歌曲，也可以像伤人的邪火。幽默机智的话，如同灵光乍现的惊艳，能给人以意想不到的喜悦和满足之感。在社交中适地适时地运用幽默将会使人们的关系更加和谐、亲切，正如故事中的威尔逊一样。可以说，幽默是人类特有的天赋，幽默与智慧相伴。古往今来，许多智者都不乏幽默感，他们的智慧中蕴含着幽默，幽默中含有机智，正如俄国文学家契诃夫所说："不懂得开玩笑的人是没有希望的人！这样的人即使额高七寸、聪明绝顶，也算不上真正有智慧的人。"

幽默感作为一种能力，一种展现个人魅力的手段，像其他技巧一样，是能够通过后天的努力而获得的。它是随着人们阅历和知识的不断丰富以及对生活的不断认识而逐渐形成的。

宽容、豁达、乐观是成为一个具有幽默感的人必备的心理素质。因为，只有这样的人才能正视现实，笑对人生，勇于战胜困难，从而取得胜利。幽默永远属于乐天派，属于生活的强者。另外，敏锐的观察力和丰富的想象力也是形成幽默感的重要因素。只有具备敏锐的观察力，才能明察秋毫，捕捉住生活中稍纵即逝的幽默素材；只有具备丰富的想象力，才能从平凡的生活素材中，找到别出心裁的幽默构思。观察力和想象力的综合运用，是一种创造力的展现。

用风趣谈吐钝化矛盾，彰显你的涵养与气量

交际中有些人总能找话题，海阔天空，和这样的人在一起，我们不用担心无话可说的尴尬局面。尤其是谈吐自如，幽默风趣，语言诙谐，行为或出人意料或搞笑不合常理的人，妙语连连，令我们笑意横生，和这样的人在一起，我们不会觉得孤单，而会很快乐！

有人说：笑是两人之间最短的距离。会心一笑，可以拆除心与心之间的戒备；超然一笑，可以化解人与人之间的隔膜；开怀一笑，可以放松我们的身心——这是幽默谈吐在人际交往中的巨大作用。

不可否认，有幽默感的人在人际关系中总是很成功。幽默所包含的特性是逗人快乐，所包含的能力是感受和表现有趣的人和事，制造愉悦的气氛。就个人来说，懂得幽默的人往往比不懂得幽默的人更具吸引力和凝聚力。人们在生活中需要与人交往，在这时幽默就是心灵与心灵之间快乐的天使，拥有幽默就拥有爱和友谊，凡具有幽默感的人，所到之处，皆是一片欢乐融洽的气氛。

陈伟是一家园林公司的项目经理，在一次重要的酒会上，他所宴请的客户方的小江（刚参加工作不久）在敬酒时不小心洒了一些啤酒在陈伟的头上。

项目经理望着紧张不安的小江，用手轻轻拍了拍对方的肩膀，说："小兄弟，用啤酒治疗谢顶的方子我实验过多次了，实际上并没有书上说的那么有效，不过我还是要谢谢你的提醒啊。"

全场顿时爆发出笑声。陈伟不失风度，以其风趣的谈吐使客户紧绷的心弦松弛了下来的，最终赢得了客户的赞许，完成了既定的目标。

用幽默来愉悦身心，使自己精神超脱尘世的种种烦恼；用幽默来增加活

力，使生活多一点情趣；用幽默来散播快乐，给人以欢笑、友爱与宽容。

一次，吃完晚饭后，一对新婚夫妻依偎在一起闲聊。

妻子："今年春季，不知会流行些什么款式的服装呢？"

丈夫："宝贝儿，与之前一样，款式只有两种：一种是你不满意的，另一种是我买不起的。"

夫妻长年厮守，很难不发生牙齿与舌头打仗的事，与其哀叹抱怨，不如捷足先登，急中生智来点儿笑料，平衡心理，让生活更添温馨，也展现了自己宽宏大量的风采。

从心理学角度剖析，幽默是一种绝妙的防御机制。这个机制，不仅可以使当事人从尴尬中解脱，化烦恼为欢畅，变痛苦为愉快，而且还可以化干戈为玉帛，使当事人平息激动，回归理智，使彼此在新的基础上重拾默契，增进感情。

在人际交往中，当矛盾发生时，对于那些缺少幽默感的人，会把事情弄得越来越糟；而幽默者则能使交际变得更顺利、更自然。幽默是一种优美、健康品质的体现，一个幽默过人的人，往往在悲苦时会显得轻松，欢乐时会显得含蓄；危险时而显得镇静，讽刺时不失礼，孤独时不绝望。

有一个贵族想邀请一位著名的小提琴手到他家去演出，但他又不想出钱，于是给这位小提琴手写了一封邀请函："亲爱的小提琴手，请明天上午10点钟，一定到我家来喝咖啡，注意，请你千万不要忘了带上你那把心爱的小提琴。"

小提琴手看完邀请函后，立即回函道："谢谢你的邀请，我一定去喝咖啡，但是我的小提琴就不去了，因为，它从来不喝咖啡。"

上面故事中的小提琴手本是拒绝对方的邀请，但顾及对方颜面，便不明说，故意用荒诞的引申"小提琴不喝咖啡"来表明态度，既十分机智，又幽默无限，展现了小提琴手的高雅情怀。

在社交生活中，难免会遇到心怀敌意的人，对待他们的恶意攻击或挑衅，若直接回击，则可能导致事态恶化。其实，对付他人敌意的最有效武器是幽默，在敌意面前的幽默，不仅能钝化攻击，而且能更加显示自己的风度。

面对不讲理的人，要控制自己的情绪。以"骤然临之而不惊，无故加之而不怒"的大丈夫的涵养与气量，在气质上镇住对方。然后再冷静考虑对策，从中选出既幽默又有反击力度的最佳方案，找准打击点，在谈笑中让对手吃个哑巴亏，有口说不出。

幽默是化解攻击的"乾坤大挪移"，它钝化了攻击的锋芒，营造了和谐的气氛，缓和了紧张的关系，给自己的人际交往带来了莫大的好处。幽默是需要有高度的涵养、博大的胸襟和机敏的思维的。只有这样，才能把剑拔弩张的气氛消于无形，而转化成幽默的笑声。下面是用幽默进行反击的方法。

1.夸张到荒诞的程度

不管对方的言行有多么荒谬，用不着针锋相对地和他争辩，只要把他的言行进行无限度的夸张，使其中的荒谬色彩更加浓厚，连他也无法争辩，他的言行就不攻自破了，他就会认识到自己的错误，而对抗的局面也不会出现。

2.答非所问，向另一个方向引申

有时候，答非所问的方法能有效地改变当时的气氛，使人际关系得以和谐。转移攻击的锋芒，是在我们面临对抗的严峻处境时所进行的最佳选择。这样一来，幽默的情趣出现了，欢乐的气氛就又来到了我们身边。

时常来点俏皮话，爱情更有妙趣

爱是男女之间的感情交汇。男人和女人是这个世界上最奇妙的存在。正如一位名人所说："男人是太阳，女人是月亮。太阳和月亮的光糅合在一起，就会组成一个美妙的世界。"

如果将生命比作一朵花，那么爱情便是花的蜜，而幽默则是采花酿蜜的蜜蜂。因此，要懂得运用幽默，在两人编织的世界中时常来点俏皮话语，爱情才会甜甜蜜蜜。

妍妍和晓峰是一对恋人。一次，两人喝完咖啡后，妍妍轻挽着晓峰的胳膊，去往回家的路上。许久，晓峰突然说："天啊，怎么办？我将钥匙落在咖啡厅了！"

妍妍望着脸上满是懊恼之色的男友嫣然一笑，说："钥匙忘了没关系，别把我忘了就好。"

晓峰不禁紧紧地握住了妍妍的手，小小的不快顿时烟消云散。

浪漫是生活中的一种调味品，没有人不喜欢幽默话语中流露出来的别致浪漫。处于热恋中的情人，切不可忘了利用幽默，不时地来给爱情升升温，只要你挑动神经中的幽默这根弦，即可与你的恋人合奏出一首富含甜蜜元素的恋曲。让我们一起来看下面一则故事：

女友："看什么？"

男友："你的眼睛。"

女友："好像不止一次了。"

男友："你知道这是什么原因吗？"

女友娇嗔地一笑……

男友："因为你的眼里只有我！"

故事中的这一幕不正是"我的眼里只有你"所唱的情境吗？这样含情脉脉的瞬间，正是由于幽默的存在，才使得爱情之火燃烧得更加旺盛！

静静和文文是一对恋人。

静静："亲爱的，听说你最近上班的时候心不在焉，完成的工作量急剧下降，你的心到哪儿去了呢？"

文文："这就奇怪了。我们上次约会的时候，你不是让我把心交给你了吗？"

文文实在高妙！他将源自恋人的责备转化为主动地表达爱意，这样的睿智幽默实在值得借鉴。毫无疑问，幽默在不知不觉间拉近了两人的距离，加深了彼此的感情。

一对恋人漫步在花园里。

小伙子说："宝贝儿，你就像这鲜花一样美丽动人。"

姑娘问："那你呢？"

小伙子说："当然是偎依在鲜花上的蝴蝶。"

姑娘皱皱眉说："我讨厌它。"

小伙子迷惑地问："为什么？"

姑娘答："你难道没有看见吗？那只蝴蝶又飞到别的花儿上去了。"

看了这则幽默故事，或许很多朋友不禁会哑然失笑地问："这也有些太无理取闹了吧？吃醋竟然吃到花草蝴蝶上！"

其实，"醋意"人皆有之。从某种程度上来讲，不管是男人还是女人，没有了醋意，也就没有了爱情。不过，当"醋意"大到敏感、猜疑、神经质，以至于影响到恋人之间情感的程度就不可取了。要知道，"醋"吃到适量可以开胃，吃多了容易伤身。

恋爱中的女孩子，偶尔在心上人面前吃个小醋，反而犹如抹了淡妆一样娇艳动人。要知道，如果两个人对彼此视而不见，一点醋都不吃，爱情也就显得过于淡而无味了。偶尔吃点小醋，说不定就能给平庸琐碎的生活"吃"出一片广阔的天地。

有人说："恋爱中的人智商为零。"也有人慨叹："恋爱使人晕头转向。"这是人们对于恋人之间爱到深处的调侃。事实上，恋爱正是人们展现自身智慧的绝佳场所。从相互表白的方式，到弥补错误的技巧，以及应付恋人之间相互的小刁难，恋爱中的男男女女无时无刻不在展现着恋爱的智慧。幽默的话语，机智的应答，为恋爱生活平添了无穷的乐趣。

有位名人曾说，幽默是恋爱生活中不可缺少的喜剧，其地位不亚于甜言蜜语、海誓山盟的诺言。因此，在适当的时候，不妨用幽默展现你俏皮、富有创意的一面，你的爱情会更有妙趣。

从这个角度来讲，幽默如同令人心醉神迷的魔术，使恋人间保持深深的吸引，散发着机智的甜言蜜语，令你在恋人面前充满了无穷的魅力。

打破严肃尴尬的气氛，给工作注入新鲜幽默的空气

现代人工作压力大，工作中的人际关系头绪纷杂，这导致人们在工作中事事小心，身心疲惫。面对这种情况，在不影响工作的前提下，可以和同事、领导、下属开个适度的玩笑，幽默一下，活跃一下办公室的气氛。这也是控制情绪、激励自己处理人际关系的好办法。因此，打破严肃尴尬的气氛，给工作注入新鲜幽默的空气，不仅有助于提高自己的工作效率，同时也能赢得同事的信任和领导的信赖。

幽默作为自我调节方法中重要的一种，它能帮助我们消除因工作带来的紧张，驱逐挫折感，并解决问题。

芳芳的领导是一个女老外。一次，芳芳在交接工作时不小心将领导刚买的西餐打翻在地毯上。女领导异常激动，立即叫芳芳收拾干净，并不断地说假如没有收拾干净的话，蟑螂会袭击她的办公室。

正在清理地毯的芳芳略显惊慌。她努力使自己镇静下来，以想对策。忽然眉头一皱，计上心来。芳芳抬头望着她，并微笑着说："经理，您尽管放心好了。这种事是不会发生的，因为中国的蟑螂只爱吃中餐。"此话一出，领导的脸色顿时放晴。

在故事中，女领导为芳芳虚构的笑话喜笑颜开，芳芳也一下子松弛了她紧张的心情。

幽默的语言可缓解人们在工作中的紧张情绪。用它来缓解工作压力，会比一些抽象的理论更奏效，由此显示出语言的最佳效能。适当的时候，与同事开开玩笑也能缓解工作中的压力。

一男子是一自恋狂，在上班的时候总喜欢以各种方式抬升自己的形象。

一次，男子与一女同事闲聊时说："我下辈子要做一个女人，嫁一个像我这样的男人！"

女同事不慌不忙地接道："天啊，那样的话，你会毁了你的两辈子啊。"

在与同事开玩笑的过程中，我们在缓解了自己的工作压力的同时，也用幽默帮助同事用更轻松的态度去完成工作。

心理学家指出：工作中，同事之间、下属与领导之间容易发生争执，有时还会搞得不欢而散甚至使双方结下芥蒂。发生了冲突或争吵之后，倘若处理不当，就容易在心理、感情上蒙上一层阴影，为日后的相处带来障碍。因此，最佳的方式还是尽量避免这种情况的发生。而巧妙运用幽默的力量，就能让你避免与领导或同事"交火"。

楠楠是小丁的领导，两人关系不错，平时有说有笑，正因为如此，楠楠总是喜欢有事没事就到小丁的办公室去聊天。有一次，楠楠正就一些琐事说得眉飞色舞，却听得小丁冷不丁地说了一句："幸亏我已经娶老婆了。"

楠楠见小丁的话与自己搭不上调，一脸茫然，感到非常困惑。但听小丁接着自言自语地说："所以我现在才习惯别人对我没完没了地唠叨了……"

楠楠听后，呵呵一乐，拍拍小丁的肩膀，知趣地离开了小丁的办公室。

处理与领导之间的关系并不难，只要拿捏好分寸，给对方留有空间和余地，用富有幽默含量的抱怨间接地提醒对方，想必会收到良好的效果。

不论你从事的是什么行业，不论你是个生手或熟手，领导或属下，幽默力量都能帮助你与他人的沟通和交往，帮助你解决工作中的问题并顺利渡过困难的处境。

我们如果不能领略到别人的幽默对自己的裨益，也就不太可能以自己的幽默来激励别人。为了表现我们重视别人所带给自己的好处，应该时时保持乐观的态度，同别人一起欢乐。

幽默是一种最生动的语言表达手法，与幽默的人相处，谈话是一件非常有趣的事。在工作中遇到难题，如果以幽默调节，事情就很可能很快得以解决。如果需要改善与同事或领导的关系，你可以利用幽默的妙语来表明自己的观点。

使用幽默语言的人，大都有温文尔雅的语气、亲切温和的处事态度。这样的幽默才使人感到轻松自然，同时也为对方散发的人格魅力所深深吸引。

如果你已经利用幽默力量来帮助自己取得了成功，你也就能对挫折一笑置之，坦然开同事的玩笑，并且关心他们。

掌握幽默艺术，打造你强大的影响力

影响力，通俗地解释就是影响他人的能力。政治家运用影响力来赢得选举，商人运用影响力来兜售商品，推销员运用影响力诱惑你乖乖地把金钱奉上。即使你的朋友和家人，不知不觉之间，也会把影响力用到你的身上。

构成一个人的影响力的因素很多，其中幽默是一个不可忽视的组成。可以这么说，一个人是否有影响力，在一定程度上取决于他是否具有幽默感，是否掌握了幽默的艺术。

有一次，台湾著名电视节目主持人凌峰接受另一位电视节目主持人侯玉婷小姐的邀请做节目嘉宾。

节目主持人介绍他出场，然而凌峰一出场，就摘下帽子露出发亮的光头向观众深深一鞠躬之后说："各位朋友大家好，在下凌峰。"说完转身对着侯小姐说，"侯小姐，我很高兴见到你，而你是又很不幸地见到我了。"

观众笑了，接着主持人立刻回答："请你谈一下作为著名节目主持人的感觉怎么样？"

凌峰说："我觉得我的先天条件要比别人好，男性观众见到我都会自命不凡（这时台下响起了掌声笑声），你看看！鼓掌的人都觉得他们长得比我帅！"

接着他又说："我是生长在中国台湾的山东人，南人北相，而且我看起来一脸沧桑，似乎中国五千年的苦难都写在我脸上了，所以大江南北的同胞都偏爱我。"

观众笑的原因在哪里，就是因为凌峰掌握了幽默的艺术，一出场就用他机智风趣的谈吐营造了一种欢娱的气氛。人的幽默感是心智成熟、智能发达的标志，是建立在人对生活公正、透彻的理解之上的。理解生活应当说是高层次的能力，在此基础上，才能形成更好的生活能力。

通常从某种意义上说，培养自己的幽默感，也就是培养自己的处世、生存和创造的能力。有较强生活能力的人，通常也是一个有影响力和感染力的人。

齐景公在位时刑罚严苛，许多人惨遭砍脚的酷刑，百姓怨声载道。于是，晏子想找机会劝谏他。

一天，齐景公派晏子到集市上看什么东西卖得最好。晏子回来后对齐景公说："假脚卖得最好，鞋子卖得最差。"

齐景公差异地问："这是为何？"

晏子回答说："很多人遭受砍脚的刑罚，所以鞋对他们而言，已经派不上用场。而买假脚走路才是正事。"

齐景公听后幡然醒悟，于是下令废除了"砍脚"的酷刑。

一个掌握了幽默艺术的人，他的幽默语言和行为会一传十、十传百，成倍地扩展。如果幽默的语言行为中有他的思想、观点，那么，就会有很多人来传播他的思想、观点。幽默的涟漪或效果一旦产生，你所要传达的信息也随即被他人接受。无论他人是反对还是支持，至少他已了解了你的想法，于是你的影响便由此而产生。

幽默，是一门魅力无穷的艺术。幽默用它特有的魅力吸引着无数人，使人们为之倾倒。世界各国的人都以其特有的方式体现着他们的幽默智慧。

情调高雅的言语幽默，散发隽永的魅力

幽默虽包含着引人发笑的成分，但它绝不是油腔滑调的故弄玄虚或矫揉造作的插科打诨。有幽默感的人，大都有较高的文化水平和良好的品德修养，而一个不学无术的人则往往只会说一些浅薄、低级的笑话。

情调高雅的言语幽默总是在诙谐的言语中蕴含着真理，散发着隽永的魅力，体现着一种真善美的艺术美。因而，言语幽默必须是乐观健康，情调高雅的。

公共汽车上人很多，一位女士无意间踩到了一位男士的脚，她赶紧红着脸道歉说："对不起，踩到你了。"

不料男士却说："不不，应由我来说对不起，我的脚长得也太不苗条了。"

"哄"的一声，车里响起了一片笑声。

显然，女士的礼貌让男士深受感染。因此，男士没有发怒，反而幽默地化解了尴尬的氛围，彰显了自己的绅士风度。

幽默在交谈中有重要的意义。真正的言语幽默，必定是以健康高雅的话语、轻松愉快的形式和情绪去揭示深刻、严肃、抽象的道理，使情趣与哲理

达到和谐统一。

美国著名小说家马克·吐温也善于使用言语幽默。

有一次他到一个小城市去，临行前别人告诉他，那里的蚊子很厉害。到了那里以后，当他正在旅馆登记房间时，有一只蚊子在他面前来回盘旋，店主正在尴尬之时，马克·吐温却满不在乎地说："你们这里的蚊子比传说的还要聪明，它竟会预先看好我的房间号码，以便夜晚光顾。"店主听了不禁哈哈大笑。于是全体职员出动，想方设法不让这位作家被那预先看房间号码的蚊子叮咬。

言语幽默最能体现受人欢迎的"趣""隐"言谈的风采，它在深层的变化与内核上赋予平常的言谈以力透纸背、意蕴深远的力量，并从色彩和情调上给它以使人着迷的欢悦。

言谈明显具有雅俗之别、优劣之分，言谈优雅者也往往是言谈幽默者。谈吐隽永每每使人心中一亮，恍如流星划过暗夜的太空，光华只在瞬间闪耀，美丽却在心中存留。

铁血首相俾斯麦有一次和一名法官相约去打猎，两人在寻觅动物时，突然从草丛中跑出一只白兔。

"那只白兔已被宣判死刑了。"

法官好像很自信地这么说了以后，便举起猎枪，可是并没有打中，白兔跳着逃走了。看到这种情形的俾斯麦，当即大笑着对法官说："它对你的判决好像不太服气，已经跑到最高法院去上诉了。"

办事时如果借助言语幽默，你成功的可能性便大大增加了。幽默能创造友善，避免尖锐对立。俗话说："笑了，事情就好办！"就是这个道理。

老李在餐厅坐了很久，看到别的客人吃得津津有味，只有他仍无侍者来招呼，便起身问道："对不起，请问——我是不是坐到观众席了？"

老李没有大声地谴责服务员服务不周，而是用幽默的语言提醒对方，表现出良好的个人修养，使一个小小的幽默变得格调高雅，这就是个人品质对言语幽默的提升作用。

言语幽默不光能在交谈中使用，在书信等书面交流用语中使用它更能产生高雅的情调。

据说《大不列颠百科全书》最初几版收纳"爱情"条目，用了五页的篇幅，内容非常具体。但到第十四版之后这一条目却被删掉了，新增的"原子弹"条目占了与之相当的篇幅。有一位读者为此感到愤慨，责备编辑部藐视这种人类最美好的感情，而热衷于杀人的武器。

对此，该书的总编辑约斯特非常幽默地给予了回答：对于爱情，读百科全书不如亲身体验；而对于原子弹，亲身尝试不如读这本书好。

这位总编辑幽默的回信中包含了很深的哲理，他将爱情和原子弹进行比较，在答复读者质问的同时又表达了他和读者一样，珍惜人类最美好的感情，不愿原子弹成为"人类之祸"的思想。编辑简单明了又具有穿透力的言语使幽默提升到一个更高的层次，具有更深、更广的含义。

言语幽默多是三言两语，轻描淡写的。它既不像戏剧那样有激烈的矛盾冲突，又不像小说那样有完整结构的故事情节，但是它的确具有一种特殊的穿透力和一种高雅的情调。

走进人的心灵深处：赞美胜过雨后的彩虹

社会心理学家说，在人们的心灵深处，最渴望他人的赞美。赞美是一种鼓励，胜过雨后绚丽的彩虹，在人们心灵深处植入的是信心和力量，播下的是奋进向上的种子。学会恰当赞美别人，正如沙漠中的甘泉一样让对方的心灵受到滋润。

赞美是最能打动人心的语言

一句赞扬的话，就像魔棒在他心灵上点击而闪出的耀眼火花。一句真心的赞扬，多过任何以金钱和虚荣为形式的伪装。正如一位名人所说："赞美是人际交往中最能打动人心的语言。"适当的赞扬，会令人欢心地感受到你的友善。如同艺术家在把赞美带给别人时感到愉快一样，赞扬不仅给听者，也给自己带来极大的愉快。它给平凡的生活带来了温暖和快乐，把世界的喧闹变成了音乐。

爱丽丝太太聘请了一个名叫凯特的女佣为自己服务，她不太了解凯特的情况，于是打电话向凯特的前任雇主询问。没想到，凯特的前任雇主在电话里说了很多她的缺点。

凯特第一天上班的时候，爱丽丝说："我打电话向你的前任雇主询问了有关你的一些表现。她告诉我说，你为人老实可靠，而且厨艺了得。唯一的缺点就是对整理家居不太熟练，总是把屋子搞得很脏乱。我想她的话未必可以全信，你穿着如此整洁，一定是个爱干净的人。所以，我相信你可以把屋子收拾得一尘不染，就像你的人一样。并且，我相信我们一定可以相处得十分融洽。"

凯特听了爱丽丝太太的话，内心非常感动。在以后的工作中，她尽心尽力将屋子收拾得干净又整齐，每天如此。此外，她还和爱丽丝太太相处得很好。

著名心理学家威廉·杰姆士曾说："人性最深层次的需求就是希望得到别人的欣赏和赞美。"每个人都有被重视、被赞美的欲望，掌握了一定的赞美技巧，不但能使你在日常的工作和生活中游刃有余，还能够改善你的人际关系，成为人际交往的高手。就像故事中的凯特一样，一旦别人帮助她实现

给人以自信，增强克服困难、迎接挑战的勇气。可以说，赞美是推动一个人进步的重要力量，也是一个人内心深处的人性需求。人人需要赞美，人人喜欢赞美。正如一句话所说："赞美好比空气，人人不能缺少。"

把我们亲切的赞语带给对方，冷漠就此消失

人性的弱点是喜欢批评人，却不喜欢被批评；喜欢被人赞美，却不喜欢赞美人。因此，拉开了人与人之间的距离。但如果把我们亲切的赞语带给对方，冷漠就会因此而消失。

赞扬像清晨的一缕阳光，使人身上暖暖的；赞扬像一副船桨，助你更加顺利地划到彼岸；赞扬更像一场交谈中的润滑剂，能使彼此的交谈更为畅快，让双方在交流中更加融洽。

一位日本议员去见埃及总统纳赛尔，由于两人的性格、经历、生活情趣、政治抱负相距甚远，总统对这位日本议员不太感兴趣。日本议员为了不辱使命，搞好与埃及当局的关系，会见前进行了多方面的分析，最后决定用赞美的方式打动纳赛尔，达到会谈的目的。

日本议员："阁下，尼罗河与纳赛尔，在我们日本是妇孺皆知的。我与其称阁下为总统，不如称您为上校吧，因为我也曾是军人，也和您一样，跟英国人打过仗。"

纳赛尔："唔……"

日本议员："英国人称您是'尼罗河的希特勒'，他们也称我为'马来西亚之恶犬'，我读过阁下的《革命哲学》，曾把它同希特勒《我的奋斗》作比较，发现希特勒是实力至上的，而阁下则充满幽默感。"

纳赛尔(十分兴奋)："呵，我所写的那本书，是革命之后，只用了三个月匆匆写成的。你说得对，我除了实力之外，还注重人情味。"

日本议员："对呀！我们军人也需要人情。我在马来西亚作战时，一把

短刀从不离身，目的不在杀人，而是保卫自己。阿拉伯人现在为独立而战，也正是为了防卫，如同我那时的短刀一样。"

纳赛尔(大喜)："阁下说得真好，以后欢迎你每年来一次。"

此时，日本议员顺势转入正题，开始谈两国的关系与贸易，并愉快地合影留念。

日本议员的亲切赞语终于产生了奇效。他通过比较《革命哲学》的话题来称赞埃及总统纳赛尔的实力与人情味，并进一步称赞了阿拉伯战争的正义性。这不但准确地刺激了纳赛尔的"兴奋点"，而且百分之百地迎合了埃及总统纳赛尔的口味，使日本议员的话收到了预想的效果。日本议员先后五次运用客套的办法使纳赛尔从"冷漠"到"十分兴奋"而至"大喜"，可见日本议员应酬的功力不浅。

有的人总是分辩说："没有那么多值得我去赞美的事情，我哪有心情天天唱赞歌。"实际上，值得我们赞美的事情随处可见。从一定程度上来看，赞美不单是对一件事情结果的肯定，更可以作为改变一件事情结果的手段。从现在开始，把赞美之词挂在嘴巴上，你会发现自己可以拥有一个无比和谐的人际关系。

记得有一句话说过："赞美别人，如同一支蜡烛，给别人的生活带来一线光明，也照亮了自己前行的脚步。"赞美天生有一种魔力，能拉近人与人之间的距离。因此，赞美是人们生活中不可或缺的生活调味剂，有了它，人与人之间的心灵则会靠得越来越近。如果要消除两个人之间的隔阂，用亲切的赞语打动对方是你最理想的方法。

有甲、乙两个猎人，有一天他们都打了两只野兔回家。

甲的妻子看见甲后冷冷地说："就打到两只吗？"甲听了心里埋怨道："你以为很容易打到吗？"第二天甲照常去打猎，但这次他故意两手空空回家，让妻子觉得打猎是很不容易的事。

而乙的情形正好相反。乙的妻子看见乙带回两只兔子，惊讶地说："哇，你竟然打了两只！"乙听了心中大喜，洋洋自得地说："两只算什

赞美之辞，也容易领情。

在《红楼梦》中有这样一段描写：本来宝玉就是一个追求自由，受不得半点约束的人，史湘云、薛宝钗却用心良苦地劝宝玉好好学习，以后做官，宝玉对此大为反感，对着史湘云和袭人赞美黛玉妹妹说："林姑娘从来就没有说过这样的混账话！要是她也说这些混账话，我早就和她生分了。"

恰巧黛玉此时走到窗下，听到了宝玉对自己的赞美，"不觉又惊又喜，又悲又叹"。之后宝玉和黛玉两人互诉衷肠，更加亲密无间。

在黛玉看来，宝玉在背后赞美自己，而且不知道自己会听到，这种赞美就是发自内心的。如果宝玉当着黛玉的面说这样的好话，生性多疑的黛玉可能会认为宝玉是在讨好她或打趣她。由此可见，背后说别人好话明显要比当面恭维别人效果好得多。你完全不用担心你所赞美的人会听不到你的赞美，相反，你对对方背后的赞美，很容易就会传到对方的耳朵里，对方也会因此对你另眼相待。

作为一门学问，背后赞美他人的奥妙和魅力无穷。

设想一下，若有人告诉你，某某在背后说了许多关于你的好话，你能不高兴吗？这种好话，如果是在你的面前说给你听的，或许适得其反，让你感到很虚假，或者疑心对方是否出于真心。为什么间接听来的便会觉得特别悦耳动听呢？那是因为你坚信对方在真心地赞美你。

比如，你当着领导和同事的面赞美领导，你的同事一定会认为你在讨好领导，拍领导的马屁，从而引起周围同事的反感。而假如你在领导不在场的时候，说一些赞美领导的话，这不仅不会让同事觉得你是在拍马屁，而且你的赞美，很快就能传到领导的耳朵里。

再比如，如果你和对门的女主人关系不错，你很欣赏她的厨艺，如果你在别的邻居面前夸奖她："我家对门的张太太厨艺一流呢。"这话如果以另外一种方式传到张太太那里，"某某说你的厨艺很棒啊。"同一件事情直接听到或经由他人告知，究竟哪一种更令人高兴呢？不用说，大家心里也明白。

背后的赞美，首先说明你没有一点功利性，只是"无意"中说了别人的好话，对于你这种由衷的赞叹，可以想象到被赞美者"辗转"听到你的赞美之词，心里该是多么的激动和高兴。

因此，从他人口中获悉自己受到夸奖时会感到非常高兴。而且，间接听来的赞美，意味着别人也知道自己受到赞美了。单就此点而言，即可让人觉得自己的能力受到了极高的评价，也足以说明赞美者是真心真意地佩服自己。

称赞得体，才能俘获人心

美国著名的女企业家玫琳·凯说过："世界上有两件东西比金钱和性更为人们所需——认可和赞美。"几乎从来没有人会拒绝别人的夸赞，它总是能在短时间内便俘获人心，有效地缩短人与人之间的心理距离。

不过，赞美是一件好事，但并非易事。拙劣的赞美只能算是拍马屁，即使你是真诚的，也会引起对方的反感。因此，怎样对别人进行恰到好处的赞美，是每个人必须掌握的口才技巧。

松下幸之助每次观察公司内的员工时，都会觉得他们比自己优秀。当他对员工们说"我对这件事情没有自信，但我相信你一定能够做得到，所以就交给你去办吧"时，员工会由于受到重视，不但乐于接受，还会下定决心竭尽所能也要把事情做好。

在与人交谈中，适当的恭维与赞美是十分必要的，因为适当的恭维可令对方无限喜悦，对谈话起到润滑的作用，让双方的谈话进行得更为顺利。如对一位人见人爱的美女，您除了赞美她的容貌外，不妨着重赞美她的其他优点，比如聪明、活泼、温柔等。因为她很可能对于"美如春花""漂亮无比"之类的套话听得厌倦了。除此之外，以下几个方面可作借鉴：

务差劲。十多年来，你是第一位对我们表示理解和赞扬的人。"

这位教授后来说："人们所需要的，是一点作为人应享有的关怀。"

不要怕因赞美别人而降低自己的身价。相反，应当通过赞美，表示你待人的真诚。记住这一句话："给活着的人献上一朵玫瑰，要比给死人献上一个大花圈价值大得多。"生活中没有赞美是不可想象的。

百老汇一位喜剧演员有一次做了个梦，自己在一个座无虚席的剧院，给成千上万的观众表演，然而，没有赢得一丝掌声。他后来说："即使一个星期能赚上10万美元，这种无人喝彩的生活也如同下地狱一般。"

赞美并不是一件容易的事。有些人平时对一切都显出不屑一顾的样子，好像人世间根本不存在值得他赞美的事物。这种人缺乏真情实感，缺乏谦逊的品德。即使口中说出赞美之词，也像是一种虚伪的客套，甚至被人误认为是在讽刺。

当你赞美别人的时候，好像用火把照亮了别人的生活，使他的生活更加五彩斑斓；同时，火把也会照亮你的心田，使你在这种真诚的赞美中感到愉快和满足，并推动你对所赞美事物的向往，引导自己向这方面前进。当你向朋友说"我最佩服你遇事能够坚决果断，我能像你这样就好了"的时候，同时也会被朋友的美德所吸引，竭力使自己也能够坚强果断起来。妻子或丈夫要能学会多赞美对方的话，那就等于取得了最可靠的婚姻保险。

经常赞美别人的人，胸襟多半是开阔的，心境多半是快乐的，与人的关系多半是和谐的，而他个人的生活也多半是富有生命力的。

赞美还能有助于被赞美者不断地把自己的美德发扬下去。你赞美一个人的勇敢，就能使他加倍勇敢；你赞美一个人的勤劳，就能使他永不懈怠。多少人从热烈的掌声中，更加奋发；反之，多少人在责怪、怨骂声中消沉下去。

有人说，赞美是一把火炬，在照亮他人生活的同时，也照亮了自己的心田。赞美，有助于发现被赞美者的美德，推动彼此之间的友谊健康地发展，还可以消除人与人之间的龃龉和怨恨。

某地有一家历史悠久的药店，店主皮亚具有丰富的经营经验。正当他的事业蒸蒸日上时，离他不远的地方又新开了一家小店。皮亚对这位新来的对手十分不满，到处向人指责小店卖次药，毫无配方经验。小店主听了很气愤，想到法院去起诉。后来，一位律师劝他，不妨试试表示善意的方法。第二次，顾客们又向小店主述说皮亚的攻击时，小店主说："一定是误会了，皮亚是本地最好的药店主。他在任何时候都乐意给急诊病人配药。他这种对病人的关心给我们大家树立了一个极好的榜样。我们这个地方有很大的发展空间，我们做生意还有很大的潜力，我是以皮亚作为榜样的。"当皮亚听到这些话后，急不可耐地找到自己的年轻对手，还向他介绍自己的经验。就这样，怨恨消解了。

第四章　走进人的心灵深处：赞美胜过雨后的彩虹

巧用话语暗示，让对方领会你的深意

每个人都有追求表扬，避免被批评的需要，心理学家马斯洛称之为"尊重的需要"。心理学对于反馈的研究早就证实了表扬和批评显然比不表扬、不批评更加有效，放弃表扬与批评就等于放弃了责任。因此，在生活与工作中，我们在赞扬他人美好一面的同时，也要善于运用批评的技巧，以让批评对象欣然接受我们意见的同时，达到使其改正缺点或错误的目的。用暗示来感染他人便是批评技巧中的一种。

在许多情况下，暗示比直言不讳的批评的效果要好得多，因为感染和暗示是不知不觉地、潜移默化地进行。通过大量的事实来感染受众，通过对事实的精心选择和巧妙安排来暗示某种意图和倾向，比较容易被人接受。

齐景公酷爱打猎，非常喜欢喂养捉野兔的老鹰。

有一次，齐景公出外打猎，叫大夫烛邹把鹰放出去抓猎物，结果由于烛邹的疏忽，逃走了一只老鹰。齐景公知道之后大发雷霆，命令将烛邹推出去斩首。

晏子走上堂，对景公说："烛邹有三大罪状，哪能这么轻易就杀了？待我公布他的罪状再处死吧！"齐景公点头同意了。

晏子指着烛邹的鼻子说："烛邹，你为大王养鸟，却让鸟逃走，这是第一条罪状；你使得大王为了鸟的缘故而要杀人，这是第二条罪状；把你杀了，让天下诸侯都知道大王重鸟轻士，这是你的第三条罪状。"

然后晏子回头对齐景公说："主公，臣已经将烛邹的三条罪过说完了，大王现在可以将他处死了！"

齐景公脸红了半天，才说："不用杀了，我明白你的意思了。"

晏子的确很聪明，他深谙批评的艺术所在，因此没有直接去批评齐景公的过失，而是用暗示的方式表明了自己的不满，这样一来，既顾及了齐景公作为一国之主的尊严，又使齐景公深刻领悟到蕴含其中的道理，从而及时改正了自己的过失。

暗示的巨大魅力在于它的不直接、不严厉，在于它的温和，它的圆滑和巧妙，在于让对方自己去反省。以老师为例，平时教育教学中，老师巧妙地运用形式多样"暗示"的手段，让学生自我认清，往往能收到比直言不讳的正面教育更佳的教育效果。

"暗示"是一种含蓄、间接表达自我不满的方法，它委婉含蓄，富于启发性，如若运用恰当，一定能取得"润物细无声"之效。

几乎在每天的生活中，我们都会遇到很多这样那样的事情。在这些事情中，有令我们感到高兴的，自然也就有令我们感到委屈和不满的。多数人有了不满的时候，总是习惯抱怨或者直接发泄出心中的愤懑，但是直言不讳刺激性大，容易伤害对方的自尊、得罪人，造成许多矛盾，不容易被对方接受。既然如此，那么就不如换个方式暗示对方，提醒对方注意自己犯的错误。这比直接的教训和谩骂要高明许多倍，既避免了双方之间产生矛盾冲突，又更容易达到自己的预期目的。

人在生活中总会遇到众多与自己相左的意见，面对这些不同的意见，你自然会申述自己的主张。但是，不同的表述方式所带来的效果却不尽相同。同样是表达不满，直接表达虽不一定算是恶语，但一般人听来都会觉得有些不舒服。而巧妙地暗示对方注意自己的错误，他多半会真诚地改正错误。

某新闻出版局要举办一次书展活动，邀请了许多国内著名的专家。负责这次活动的策划者是亚楠。由于是第一次策划活动，竟然忘记了把与会专家的桌签带到会场，会议再有10分钟就要开始了，可把亚楠给急坏了。

恰好这个时候，公司老总赶了过来，把桌签递给了亚楠。原来，在前一天晚上，最后一个离开办公室的是公司老总，他发现了留在办公室的桌签，于是就将其收好，放到自己的汽车的后备箱里，第二天带到会场来。

就在亚楠准备再次到商务中心打印时，老总及时地将桌签递了过来，并对他

一个公司的领导招聘了一个叫娜娜的秘书，非常爱美，平时特别喜欢打扮。不过在工作的时候，不是出现这样的毛病，就是出现那样的问题，这让办公室主任感到非常为难。

有一天，娜娜又换上一套漂亮的新衣服，格外吸引人的眼球。她走进办公室，领导就夸道："这套衣服可真漂亮，让你看起来更加美丽动人了。"

秘书得意地笑道："是嘛！"

领导马上笑道："如果你的工作也能像人一样漂亮，就更好了。"

娜娜听出了领导的话中之意，以后的工作就变得越来越小心了，出现的问题也越来越少了。

在日常生活中，尤其在某些特定场合下，直接地数说别人的错误，往往很难让人接受，因此，如果想让事情有所好转，就不要选择当众触怒别人。当面的批评和指责，不但不能解决问题，甚至会让当事人产生更大的不满和抵触情绪。若是在批评的时候先给批评"裹"层糖衣，多给予对方一些正面的褒奖或鼓励，再给他批评的苦药，这样往往能取得意想不到的效果。

📚 表达得当，忠告也会顺耳

俗话说："忠言逆耳。"太直接地劝说别人，常常让人心生尴尬、不快，不仅可能达不到劝说的效果，还可能会伤及双方颜面。我们可以换种方式，或作比喻，或讲故事，让原本硬邦邦的直接劝说方式变得温和一些，这样的做法更容易让"忠言"顺耳。

天汉二年(前99年)，正当司马迁全身心地撰写《史记》之时，却遇上了飞来横祸，这就是李陵事件。

这年夏天，武帝派自己宠妃李夫人的哥哥、贰师将军李广利领兵讨伐匈奴，另派李广的孙子、别将李陵随从李广利押运辎重。李广带领步卒五千人出居延，孤军深入浚稽山，与单于遭遇。匈奴以八万骑兵围攻李陵。经过八昼夜的战斗，李陵斩杀了一万多匈奴，但由于他得不到主力部队的后援，结果弹尽粮绝，不幸被俘。

　　李陵兵败的消息传到长安后，武帝本希望他能战死，后听说他却投了降，愤怒万分，满朝文武官员察言观色，趋炎附势，几天前还纷纷称赞李陵的英勇，到了这个节骨眼上又开始你一言我一语地指责李陵的罪过。汉武帝询问太史令司马迁的看法，司马迁一方面安慰武帝，一方面也痛恨那些见风使舵的大臣，尽力为李陵辩护。他认为李陵平时孝顺母亲，对朋友讲信义，对人谦虚礼让，对士兵有恩信，常常奋不顾身地急国家之所急，有国士的风范。司马迁痛恨那些只知道保全自己和家人的大臣，他们如今见李陵出兵不利，就一味地落井下石，夸大其罪名。他对汉武帝说："李陵只率领五千步兵，深入匈奴，孤军奋战，杀伤了许多敌人，立下了赫赫功劳。在救兵不至、弹尽粮绝、走投无路的情况下，仍然奋勇杀敌，就是古代名将也不过如此。李陵自己虽陷于失败之中，而他杀伤匈奴之多，也足以显赫于天下了。他之所以不死，而是投降了匈奴，一定是想寻找适当的机会再报答汉室。"

　　司马迁的意思似乎是贰师将军李广利没有尽到他的责任。他的直言触怒了汉武帝，汉武帝认为他是在为李陵辩护，贬低劳师远征、战败而归的爱妃李夫人的哥哥李广利，于是下令将司马迁打入大牢。

　　司马迁被关进监狱以后，案子落到了当时名声很臭的酷吏杜周手中，杜周严刑审讯司马迁，司马迁忍受了各种肉体和精神上的残酷折磨。面对酷吏，他始终不屈服，也不认罪。司马迁在狱中反复不停地问自己："这是我的罪吗？这是我的罪吗？我一个做臣子的，就不能发表点意见？"不久，有传闻说李陵曾带匈奴兵攻打汉朝。汉武帝信以为真，便草率地处死了李陵的母亲、妻子和儿子。司马迁也因此事被判了死刑。

　　据汉朝的刑法，死刑有两种减免办法：一是拿五十万钱赎罪，二是受"腐刑"。司马迁官小家贫，当然拿不出这么多钱赎罪。腐刑既残酷地摧残人体和精神，也极大地侮辱人格。司马迁当然不愿意忍受这样的刑罚，悲痛欲绝的他甚至想到了自杀。可后来他想到，人总有一死，但"死或重于泰山，

放大镜看人优点，缩微镜看人缺点

在现实生活中，不难发现，有很多人因为一些磕磕碰碰便和他人吵架斗嘴，甚至大打出手。在他们看来，对于别人的冒犯就应该"以牙还牙，加倍奉还"。他们容不得别人对自己的一丁点儿侵犯。在与他人交往的过程中，他们把别人身上的缺点无限扩大，动不动就愤怒地指责他人。对于别人身上的优点呢？则以"这有什么了不起"为由来对其嗤之以鼻。这种现象其实是非常可悲的。一个用"缩微镜看人优点，放大镜看人缺点"的人，往往不会获得美好的友谊和别人的帮助。

其实，每个人都会有缺点，都会犯错误，你不原谅别人就等于不放过自己。多一分豁达和包容，你才会获得更多的解脱和快乐，赢得更多的尊重和理解。

蔡元培先生在他担任北京大学校长时，曾有这么两位"另类"的教授。一位是持"复辟论者"和主张"一夫多妻"制的辜鸿铭先生。辜鸿铭当时应蔡元培先生之请来讲授英国文学。辜鸿铭的学问十分渊博而庞杂，他上课时，竟带一个童仆专门为他装烟、倒茶水，而他自己则是"一会儿吸烟，一会儿喝茶"，学生焦急地等着他上课，他也不予理睬。"摆架子，玩臭格"成了当时众多北大学生对辜鸿铭的印象。

很快，就有人将此事反映到蔡元培那儿。然而，蔡元培并没有因此而生气，更没有对辜鸿铭加以指责。他对前来反映情况的人解释说："辜鸿铭先生是通晓中、西学问和多种外国语言的难得人才，他上课时展现的陋习固然欠妥，但这并不会给他的教授工作带来实质性的损害，因此，对他生活中的那些不良习惯我们应该持原谅的态度，而不是斤斤计较。"

经过一段时间后，再也没有人去给蔡元培告状了，因为辜鸿铭的课堂里挤满了北大的学子。很多学生为他渊博的知识、学贯中西的见解而深深折服。辜鸿铭讲课从来都是不拘一格，天马行空的方式更是大受学生欢迎。

另一位"另类"的教授，则是受蔡元培先生的聘请，讲授《中国古代文学》的刘师培先生。根据冯友兰、周作人等人回忆，刘师培给学生上课时，"既不带书，也不带卡片，随便谈起来"，且他的"字写得实在可怕，几乎像小孩描红相似，而且不讲笔顺""所以简直不成字样"，这种情况很快也被一些学生、老师反映到蔡元培那儿。然而蔡元培却微微一笑，说："刘师培讲课带不带书都一样啊，书都在他脑袋里装着，至于写字不好也没什么大碍啊。"后来学生们发现刘师培讲课是"头头是道，援引资料，都是随口背诵"，而且文章没有做得不好的。

从蔡元培对辜鸿铭和刘师培两位教授的处理方法中，我们可以感受到蔡元培量用人才的胸怀是何等求实、豁达而又准确。他把批评的艺术发挥到了一种极高明的地步。为了实现改革北大的办学理想，迅速壮大北大实力，他极善于抓住主要矛盾和解决问题的关键，把尊重人才个性选择与用人所长理智地结合起来。他曾精辟地解释道："对于教员，以学诣为主。在校讲授，以无悖于第一种之主张（循思想自由原则，取兼容并包主义）为界限。其在校外之言动，悉听自由，本校从不过问，亦不能代负责任。夫人才至为难得，若求全责备，则学校殆难成立。"

正是这种博大的胸襟，才使蔡元培能够发现真正的人才，也才使当时的北京大学有了长足的发展。

放大镜看人优点，是对他人魅力的认可，是对他人优势地方的不嫉妒、不诋毁，是对自己的尊重。缩微镜看人缺点，则是对他人不足之处的包容与接受，对他人缺陷的理解，是对自身修养的看重。当我们拥有"以放大镜看人优点，以缩微镜看人缺点"的博大胸襟时，我们便拥有了众多的朋友，拥有了更多的帮助，也拥有了通向成功的门票。

在现实生活里，我们应该学会以一种大胸襟来对待别人的缺点和过错。学会"容人之长"，因为人各有所长，取人之长补己之短，才能相互促进，学习才能进步；学会"容人之短"，因为人的短处是客观存在的，容不得别

第五章　运用之妙存乎一心：批评是一门艺术

他辅佐汉朝立下大功，但是居功自傲，不好学习，不明事理。这与寇准有某些相似之处。因而寇准读了《霍光传》，明白了张咏的用意。

在进行批评教育的时候，既要观点正确，又要口下留情，注意一个度的把握。这样既不会让对方产生误解，也不会造成隔阂。事实上，通过间接的途径表达自己的意见反而更容易被人接受，这就是古人以迂为直的奥妙所在。张咏可以说是熟谙此道的人，他的高明之处在于根本不提"批评"二字，而是借助一句赠言"《霍光传》不可不读""敲醒"寇准，启发对方自我反省。从结果来看，张咏的这种做法显然是非常成功的。究其原因，其实是很简单的：间接的方法很容易使你摆脱其中的各种利害关系，淡化矛盾或转移焦点，给对方留下情面，从而减少对方对你的敌意。在心绪正常的情况下，理智占了上风，对方自然会认真地考虑你的意见，不会再先入为主的将你的意见一棒子打死。比如，面对可以指责的事情，你完全可以这样说："发生这种情况真遗憾，不过我相信你肯定不是故意这么做的，为了防止今后再有此类事情发生，我们最好分析一下原因……"这种真心诚意的帮助，远比劈头盖脸的直接指责的作用明显而有效。

卡耐基在《人性的弱点》一书中就提出，每个人都会犯错误，每个人也都有自己的自尊心。对事不对人是批评有度的一个重要原则。这样可以缓解被批评者的心理压力，要是把矛头指向当事人，很容易在无意中给其造成伤害，不但于事无补，有时还造成严重后果。如在某小学里，一个学生被老师批评后，为了证明自己是清白的而选择了自杀。在某个家庭里，儿子由于受不了父母的批评指责，挥刀将其父母杀死了……诸如此类的悲剧，如果讲究一点批评的方式，或许能够避免。

当批评别人时，我们要时时刻刻反问自己："我是否在人身攻击了？""我是否针对当事人了？""我是否忽略失误本身了？"

而不会批评的人往往加大批评的力度，随便行使权力、耍威风，最后只会让问题变得更复杂、更糟糕。如果批评无度，不给对方留面子，或者不分场合批评，那么实际上对自身也是一种损害。

要知道，批评的目的是为了让人认识到自己的错误，而不是对其进行负面攻击。很多事实均已说明，选择恰当的力度进行批评对优化批评效果是很有帮助的。

那么，在纠正别人错误时，究竟应采取怎样的说话方式才易于被对方接受呢？

第一，对别人要有极大的同情心，体谅别人的难处，这样我们就不会在批评别人时吹毛求疵。

第二，批评时语气应温和委婉，千万不能用刺激性或是让人听了不舒服的字眼。

第三，纠正别人错误的话说得越少越好，最好是说一两句就能让对方明白，然后转到别的话题，如若不然，对方就会产生反感。

第四，别人做错了事，我们固然要指出来，但同时也需要对其可取之处加以赞扬，这样才能使其保持心理平衡，从而心悦诚服。

第五，在改变别人意见时，我们最好能在不知不觉中将自己的意见告诉对方，让对方觉得是自发改变了，而不是因为接受了我们的批评。

第六，对于别人出现的过失，我们应站在朋友的立场给予友善地提醒，千万不能过于严厉地指责对方。

第七，纠正别人的错误时，我们千万不能用命令的口吻，最好是委婉地表达出来。

第八，用旁敲侧击的方法暗示别人所犯的错误，以维护对方的自尊心，使其自觉地改正过失。

批评别人时，我们可以参考以下两种方法。

1.弄清事情的来龙去脉

我们只有弄清事情的来龙去脉，才能知道对方错在哪儿，从而有针对性地对其提出批评，使对方认识到自己的错误，使其易于接受批评。

假如由于你的过失而伤害了别人，你得及时向人道歉，这样的举动可以化敌为友，彻底消除对方的敌意，说不定你们今后会相处得更好。既然得罪了别人，当时你自己一定得到了某种"发泄"，与其待别人的"回泄"自

脱说，像这样的小狗大概不会咬伤别人吧！最后的结局可想而知，巡逻员只是让卡耐基以后注意并且尽早回家，却没有对卡耐基施以任何处罚。

自责既是一种对他人的歉意，也是自我心灵的一种解脱。自责，主动承担责任既可以化暴戾为祥和，又可以博得别人的真诚相待。怨天尤人，推卸责任只能引起无谓的争吵，只能激化不必要的隔阂。正如故事中的第一个游客和卡耐基，他们虽然犯有同样的错误，但因采取了截然不同的态度，结果也是大相径庭：第一个游客在被告知不给小狗戴口罩而在公园散步时，不但没有承认错误，反而还为自己据理力争，其结果可想而知——被处以罚款；而卡耐基在同样的境遇下，选择坦然面对自己的错误，这不但消除了他内在的罪恶感，也让巡逻员宽恕了他的违法行为，从而在当时紧张的气氛下很好地保护了自己。

人的心理是客观现实在头脑中的反应，外界的刺激会引起人的心理变化，突然的刺激会导致心理波动。这时人往往情绪反应激烈，感情有余而理智不足。情感的潮水会漫过理智的堤坝，在情绪化的驱使下采取过激的行为。这种行为往往让自己犯下错误，事后追悔莫及。

不过，无论是现在还是将来，当你犯了错误的时候，即使是很大的错误，只要你勇于承认并进行自我批评，别人十有八九会原谅你，当错误发生后，化解矛盾也是一种能力，有能力的人是把大事化小，小事化了；而没有能力的人会火上浇油，无事找事，小事化大。承认错误不是懦弱，而是一种智慧。

著名作家莫言曾说："人越来越老，就应该有更多清醒的自省。过去我们批评别人，我们拿放大镜看别人的缺点，然后义愤填膺地进行抨击。人老了以后，就应该回头向自我的内心来进行观照，看看你在骂别人时，是否同时也在骂自己。看到很多黑暗的现象，要想一想，你是否也充当过制造黑暗的帮凶？"

莫言这段话的背后，给予我们这样的启示：用争斗的方法，你绝不会得到满意的结果。但用自我反省、坦诚认错的方法，收获会比预期高出很多。"金无足赤，人无完人。"一个人有缺点毛病并不可怕，可怕的是讳疾忌医，以致"小疾"拖成"大病"，甚至病入膏肓，不可救药。只有经常地进行批评和自我批评，虚心地接受批评，才能不断地改造自我、提高自我、完善自我。

做个倾听高手：此时无声胜有声

　　古希腊有一句民谚说："聪明的人，借助经验说话；而更聪明的人，根据经验不说话。"这句话给我们这样的启示：在人际交往中，要学会少说而多听。"此时无声胜有声"，在交谈中有效地倾听往往要比说更为重要。那么，如何成为一个成功的倾听者呢？下面即将为你揭晓。

听、少说甚至不说，这样做的目的是为了获得最大的利益。少开口不做无谓的争论，对方就无法了解你的真实想法；而你却可以探测对方动机，逐步掌握主动权。这时候的沉默，实际上是"火力侦察"。

这次澳大利亚公司能够打败英国公司，取得谈判的成功，关键就在于澳大利亚公司的沉默，时机不成熟的时候，他们保持沉默，使对手摸不着头脑，同时也为自己赢得研究对手方案的时间，给了对手措手不及的一击。

说话莫忘看时机，因为心理学告诉我们，在不同的场合环境中，人们对他人的话语有不同的感受、理解，并表现出不同的心理承受力。正因为受特殊场合心理的制约，有些话在某些特定环境中说比较好，但有些话说出来就未必得当。同样的一句话，在此说与在彼说的效果就不一样。如果环境不相宜，时机未到，最好的办法是保持沉默。

其实何止在商业谈判中，在生活中我们也要遵循这种"时机未到保持沉默"的作风。老一辈人总是谆谆教导我们："话到嘴边留半句，不可全抛一片心""言多必失，语多伤人""君子三缄其口"的古训，也把缄口不言作为练达的安身处世之道。今天，我们亦应谨记这些古训，该沉默时一定要沉默。

那么什么时候应该保持沉默，什么时候又应该及时出击呢？这个时机一定要把握好，不妨注意以下几个方面。

1.不了解情况时要保持沉默

有时候，不了解对方的情况盲目地乱说，往往会给对方造成可乘之机，使自己遭受到莫大的损失。所以，在不了解对方的情况时，不要轻易地把话说出口，保持沉默是上策。

2.自己做不了主时要保持沉默

有时候，自己往往不能够做主，所以，这时候也不能说。如果自己不慎把不该答应的事情答应下来了，到时候所有的问题只有自己来承担了，所以这时候也要保持沉默。

3.正在气头上时要保持沉默

当你自己或他人的情绪正在气头上的时候最好闭口不谈，从长远来说这是有益的。如果你跟别人发生争吵，你们两个人的情绪都很激动，那就等以后你们都冷静下来，能够心平气和地讨论问题的时候再安排时间交谈，只有在那个时候你们才能进行有实质意义的讨论而不是相互指责。

在战场上，盲目地出击，有时候会落入对方的圈套。在和人家交谈时，同样是这个道理，如果不了解情况，随口乱说，反而会使情况变得更糟，所以，在张口说话之前，一定要注意了解情况，只有这样才能够有针对性，能够起到应有的效果。

当你孤芳自赏时，天地便小了

冰心诗中曾写道："墙角的花，当你孤芳自赏时，天地便小了。"有些人就如这墙角之花，总以自我为中心画圆，把自己困在了墙角，无论如何也走不出那个圈，体会不到外面花丛的异彩纷呈。

如果你一时迈不出腿走出禁锢之圈，不妨侧侧耳，学会倾听。倾听，能让我们与外界心灵相通。

我们侧耳倾听，听到同事对工作压力的抱怨，表示理解；听到挚友新婚的消息，为之开心；听到母亲做家务时的牢骚，懂得体谅。我们倾听对方的喜怒哀乐时，也许什么建议也提不出，但当你的倾听让他紧蹙的眉头渐渐舒展，让他灿烂的笑颜于此定格，你就已经走近了他人的心，成就了两人心灵的共鸣圈。

倾听不仅能拉近人与人之间的距离，收获他人的信任，还能开阔我们的眼界，丰富我们的阅历。感知到外界的浩瀚，就会知道以自我为中心的自己是多么渺小又狭隘。

倾听的另外一个魅力在于，它往往比说话更重要。能成大事者最重要的特质之一，就是在人际交往中善于倾听别人的谈话，他们知道，为了使自己的话语为人重视又不惹人讨厌，唯一的办法是在别人说话时少说话，安静地、耐心地倾听。

倾听不是简单地用耳朵来听，它也是一门艺术。倾听不仅仅是要用耳朵来听说话者的言辞，还需要一个人全身心地去感受对方的谈话过程中表达的言语信息和非言语信息。

经朋友介绍，重型汽车推销员文洋去拜访一位曾经买过他们公司汽车的商人。见面时，文洋照例先递上自己的名片："您好，我是重型汽车公司的推销员，我叫……"

才说了不到几个字，该顾客就以十分严厉的口气打断了文洋的话，并开始抱怨当初买车时的种种不快，例如服务态度不好、报价不实、内装及配备不对、交接车等待得过久等。

顾客在喋喋不休地数落着文洋的公司及当初提供汽车的推销员，文洋只好静静地站在一旁，认真地听着，一句话也不敢说。

终于，那位顾客把以前所有的怨气都一股脑地吐光了。当他稍微喘息了一下时，才发现，眼前的这个推销员好像很陌生。于是，他便有点不好意思地对文洋说："小伙子，你贵姓呀，现在有没有一些好一点的车种，拿一份目录来给我看看，给我介绍介绍吧。"

当文洋离开时，已经兴奋得几乎想跳起来，因为他的手上拿着两台重型汽车的订单。

从文洋拿出产品目录到那位顾客决定购买的整个过程中，文洋说的话加起来都不超过10句。重型汽车交易拍板的关键，由那位顾客道出来了，他说："我是看你非常实在、有诚意又很尊重我，所以我才向你买车的。"

一个时时带着耳朵的人，总是比一个只长着嘴巴的人讨人喜欢。与人沟通时，如果只顾自己喋喋不休，根本不管对方是否有兴趣听。这是很不礼貌的事情，也极易让人产生反感。

倾听是一种礼貌，是一种尊敬讲话者的表现，是对讲话者的一种无声的赞美，更是对讲话者最好的恭维。倾听能使对方亲近你、信赖你。倾听让我

第六章　做个倾听高手：此时无声胜有声

们不必费心思考又能赢得人心，我们何乐而不为呢？

当对方的不满需要发泄时，静心倾听可以缓解他人的敌对情绪。很多人气愤地诉说，并不一定需要得到什么合理的解释或补偿，而是需要把自己内心的不满发泄出来。就像故事中的那位顾客一样。这时候，倾听远比提供建议有用得多。如果真有解释的必要，也要尽量避免正面冲突，在对方的怒气缓和后再进行。

在适当的时候，让我们的嘴巴休息一下吧，多听听对方的话。当我们满足了对方被尊重的心理需求时，我们也会因此而获益的。

倾听并不只是单纯地听，而是应该真诚地去听，并且不时地表达自己的认同或赞扬。倾听的时候，要面带微笑，最好别做其他的事情，应适时地以表情、手势或点头表示认可，以免给人敷衍的印象。

在倾听对方说话的同时，我们还要注意以下几个方面。

第一，以获得信息为目的进行每一次交谈，接受并理解别人向你传递的信息。交谈结束时，问问你自己："这个人或这些人到底打算告诉我什么内容？"

第二，用身体语言表示你对别人的信息感兴趣。身体向前倾，保持目光接触，集中注意力，不要让自己因外界干扰而分心。这些动作和态度会鼓励说话人"无拘无束地畅谈"。

第三，通过提问澄清内容，但也不要问太多的问题，以至于打断了说话人的思路。根据你的理解用自己的话复述信息，看看说话人是否认可你的解释。

第四，别人说的时候不要去想自己下一步该说什么，或寻找一个空隙自己可以"插话"。要专注于说话人所说的内容。

第五，探究信息的实质。这种技能需要大量的实践练习，它要求对众多的材料进行心理筛选，以了解说话者想表达的真正意图。

第六，交谈结束后，在自己心里对所得到的信息作个总结。

请放慢你匆忙的脚步，聆听他人的心声

"快！快！快！"从小到大，在大人的催促声中，我们的头脑渐渐形成一种观念：快总是好的。吃得快，你才能比别人吃得多；走得快，你才不会迟到被罚；读书要学会快速阅读，考试才能更高分……总之，你首先不能"输在起跑线上"。

到了长大，效率和速度变得更加重要。各行各业的竞争十分激烈，"快"变成了一个重要的价值和指标。"深圳速度"一度为人们大力推崇，国贸大厦三天就能修好一层。为了赶工，人们习惯了熬夜加班。在这样一个高速运行、发展的时间段里，人们无法停下急匆匆的脚步，内心安全感严重缺乏，似乎只有随着巨大的社会机器齿轮不停运转，才能减少对未来不确定性的恐惧。

《论语》中提到"欲速则不达"。其实，人生如登山，并非一味的快就好。因为当你无法放慢自己生命的脚步的时候，也往往意味着你挤掉了倾听别人的心声，从而与他人很好地沟通、交流的时间。

在我们的日常生活中，很多矛盾就是因不懂得倾听而引发的。

一天下学后，爸爸去学校接闹闹回家。

一路上，闹闹不停在跟爸爸讲自己的事：他和谁闹别扭了；谁有一个新的手机，他也想要一个；语文老师又评述他了……爸爸边走路，边毫无反应地听着。突然，闹闹的声音弱了下来，他小声说："爸爸，我差点忘了，教师让我们买新一期的《读写算》。"

爸爸一听，就不耐烦了，随口责备闹闹道："怎么不早说！我们刚才还路过书店了。"爸爸很不甘愿地往回走。

闹闹见状，负气说："你走吧，我自己去买。"

爸爸呵斥说："你怎么这么不听话！"

闹闹撅起了小嘴巴，也生气地反驳道："你听过我说的话吗？哼！一点都不关心我，我真可怜。"

聆听，是促进沟通、增进理解、走近孩子的最佳方式之一。父母想关爱孩子，就要学会聆听孩子的话语，理解孩子内心世界的真实想法。

父母真正专心聆听孩子的心语，是同等地对待孩子的一种显露。孩子正在成长为一个独立的个体，要是父母总以为孩子的话可有可无，喜好随便掠夺孩子表达意愿的权利，也不乐于聆听孩子的意愿，就会造成父子之间的曲解，让孩子觉得自己不被重视，给孩子带来心灵的损害。

父母不愿聆听孩子，究其原因，很大程度上源于他们始终以为：他仍是个孩子。孩子在父母心中是纤弱而不独立的，什么事都必须由父母来选择和决定。但父母却往往疏忽了孩子也是独立的个体，从而角色定位失误，掠夺了孩子的自主性意愿。

孩子的自主性意愿囊括自由发表谈吐、自主举措和自己做决定。父母应当尊敬孩子的自主性意愿。有些父母乐意自己来替孩子做这些选择和决定，而回绝聆听孩子的心语。如许多父母封闭了聆听孩子意愿的耳朵，也会关闭通往孩子心灵的大门。

学会聆听，就是尊敬孩子独立性的表现。聆听孩子，非但可以让他们的表达本领获得进步，父母也能因而进入孩子的内心世界，体验他们的喜怒哀乐。父母的聆听，还给孩子带来心灵成长的自由。孩子只有得到了自由，各方面本领才会敏捷成长起来。

沟通时倾听很重要，做一个耐心的听众，更是夫妻相处的重中之重。

一次难得的家庭成员聚餐，妻子迟到了。

丈夫："说好7点到餐馆的，你没到，还撒谎。大家都在问我你在哪里，我什么都不知道，我觉得自己就像个白痴！"

妻子："开什么玩笑，你知道我是不撒谎的。"

丈夫："你不守时，让我在一家人面前很没面子!"

妻子："到底谁让谁没面子？！你在大家面前教训我，居然还敢说我不给你面子？！"

……

天，真是大大不妙！这对夫妻在倾听彼此话语时犯了大忌，如此的沟通方式，最后导致的结果一定是大吵特吵，不欢而散。

当听出对方话语中的指责，做出自我保护性的回应时，就是"防御性倾听"，例如：否认、辩解等。而做出指责性的回应时，就属于"攻击性倾听"了，例如：攻击对方缺点。

从这段夫妻争吵的对话中，可以看出，妻子的前一次回应："你知道我是不撒谎的"，是"防御性倾听"；而后一次回应："到底谁让谁没面子……"则属于"攻击性倾听"。这两种倾听法，其造成的结果都会是破坏性的，彼此把注意力集中在对方的过错上，防卫心不断增加，争吵愈演愈烈，当然并非明智之举。

一个耐心的听众懂得，相对于前面两种倾听方式，"接纳性倾听"才是最佳的选择，即用体谅的态度倾听对方的话语，不因被指责而恼羞成怒，试着冷静调整自己的思想，从伴侣的"抱怨"中体察出他真正的需求，从而把注意力从"他指责我……"转移到"他希望我……"上，将伴侣所说的负面话语，理解出正面的语意。

不仅仅在家庭中做一个耐心的听众，给孩子和爱人带去温暖，在社会中更要如此。

由于现代社会生活节奏和观念碰撞激烈，人们在买房、买车的经济压力和复杂的人情关系中往往疲于奔命，为了应付外部世界的纷扰，有时会忽略自己身边人的感受。浮躁的社会情绪让人失去静养或坐下来倾听的耐心，直接导致一句话听起来不合自己的心意或不顺耳就会暴跳如雷，让真心对待自己的朋友不敢接近，结果让个体生命发展到偏执顽固的精神状态，严重时还会产生精神与人格分裂，让人与人之间少了真诚的沟通与交流机会，以至于彼此隔膜起来。

有的人总是埋怨社会的冷漠，从来不想自己是否是在用一种平和、公正的心态来面对现实生活。好比热恋中的年轻男女，听不得任何关于另一方不美的言辞，总是把对方想象成十全十美的人，相见恨晚的个体感受会让人疯狂的简单爱而根本不考虑人生道路漫漫无期的将来需要面对多少人生的挫折与坎坷。美好的社会需要真情沟通，需要跳出自我的狭隘思维空间，需要有谦和的心怀来正视自身的不足，需要学会去打开被尘世封存的另一颗真诚的内心。面对思想价值多元、传统观念深厚、文明转型冲突激烈的现实社会，每个人都可能因为隔阂而让火热的情感冷却下来，从而让自己显得理智有余而热情不足。从这种意义上来说，我们的社会不是缺少爱心，而是缺少耐心沟通的强大社会心理磁场。

为了让每个人都能享受到高质量的公共文明空间，我们需要停下自己匆忙的脚步，耐心倾听来自家人、朋友、路人的心声，意识到文明与野蛮、虚假与真诚是在激烈地斗争中呈现出来的，选择正确道路与人生态度需要个体生命具有超越自我狭隘心胸的知识和阅历，共同担起建设文明社会的责任与义务，不被任何人的一面之词诱导。

一位心理学家曾说："以同情和理解的心情倾听别人的谈话，是维系人际关系、保持友谊的最有效的方法。"可见，说是一门艺术，而听更是艺术中的艺术。

在日常生活中，我们不仅要倾听别人的声音，参考别人的建议，也要倾听平时少为人听或不为人听的声音，因为那里面也许藏有珍宝。做一个有耐心的听众，发掘生活中的小秘密，这就是许多成功者的秘诀。

沉默是金：以听助说有奇效

有人说，沉默是一种力量；也有人说，沉默是一种气质；还有人说，沉默是一种风度。是的，沉默这种不同寻常的品格具有独特的魅力。

不要以为沉默就是麻木或懦弱，其实不然。很多时候，沉默表现而出的，恰恰是一种与世无争的气量，一种兢兢业业的态度，一种不求回报的奉献，一种超乎常人的智慧。

有这样一句话："沉默是金。"的确如此。男人的沉默，是一种伟岸；女人的沉默，是一种温柔；青年人的沉默，是一种稳重；老年人的沉默，是一种慈祥。"半瓶子醋"的人口若悬河，喋喋不休，聪明的人惜语如金，言简意赅。懦弱的人只会在牢骚中叹息，或在对别人的指责中"自以为是"，只有勇敢的人才会在沉默中坚强地站起。

沉默是美好的。玫瑰在沉默中传送着情人的心语；梅花在沉默中展示着坚强者的铮铮傲骨；天空在沉默中透露着宁静和致远；大地在沉默中映射着辽阔和广博。

有些时候，人就应该保持沉默，在沉默中探索和发现，反省和奋进，同时更要用心去体会沉默的魅力！

在日常生活中，恰到好处的沉默还是一种高超的说服技巧。

爱迪生在发明了自动发报机后，打算卖掉这项发明和制造技术，以便有资金建造一个实验室。因为并不熟悉市场行情，根本不知道该项发明到底能卖多少钱，爱迪生就和夫人玛丽商量。

但玛丽在这方面知道的并不比爱迪生多，也不清楚这项发明成果究竟能卖多少钱。两个人都很发愁，不知如何向别人报价。最后，玛丽一咬牙，说："就要2万美元吧，你想想看，一个实验室建造下来，至少也要这么多钱呢。"

爱迪生就说:"2万美元?要得太多了吧。"

玛丽见爱迪生一副犹豫不决的样子,就说:"要不然,我们在卖的时候先套套买家的口气,让他先开个价,然后再作决定。"

当时爱迪生虽然说不上是家喻户晓,但也已经是小有名气了。一位英国商人在听说爱迪生打算卖掉自动发报机制造技术后,就主动上门询问需要多少钱。因为爱迪生一直认为要2万美元太高了,不好意思开口,便选择缄默不语。

商人催问了好几次,爱迪生始终都没有说话。最后商人终于忍不住了,就说:"我先给你开个价吧,10万美元,你看怎么样?"

商人的报价让爱迪生大喜过望,这个价格真是太出乎他的意料了,于是他毫不犹豫地和商人当场拍板成交。后来,爱迪生对妻子开玩笑说:"真没想到我晚说了一会儿话就赚了8万美元。"

在与别人交流时很多人都不愿意保持沉默,不愿意让对方把话说完。但事实上,在人生的很多重要关口,沉默虽然不会创造8万美元,但它会让我们看到前进的方向或退路,沉默可以给自己和对方都留有余地,甚至在危急时刻力挽狂澜。

许多人认为说服中话不能少说,甚至有人口若悬河,滔滔不绝,其实让说服能顺利进行,还有一种无声的语言——以听助说。

我们可以打个比方:销售员总喜欢向别人大谈特谈,却都认为遇到那些喜欢讲话的顾客是件很麻烦的事,因为当推销员拜访他时,他高谈阔论起来就滔滔不绝,使得推销员在那里停留的时间要比预定的时间多,倘若告辞的时机与方式不恰当的话,又会被顾客认为是服务不够周到,推销产品缺乏诚意。

所以,这个时候要适时沉默,千万不要堵住他的话头,推销员可以利用顾客内心的矛盾、误解、欲望,用简捷的方式突然直击要害;逼其对关键环节表态,促使事情明朗化。

固执的人未必不可理喻,只是他一时转不过弯来而固执己见。这时最好的办法不是跟他争个谁对谁错，而是从他的观点入手，先听他说，在这个过程中分析利弊，并适时地以情感打动他，让他自己否定自己。

适时地保持沉默难能可贵。不管是在日常的社交过程中，还是在职业场合里，我们要懂得倾听远比喋喋不休的话语重要得多，并且把你对对方的尊重和诚意表现在脸上，你将会有意想不到的收获。

不了解对方的情况就乱说往往会使别人造成误会，甚至令别人蒙受巨大的损失。因此，在不清楚对方的情况时，我们不要轻易把话说出口，做个听众才是明智之举。

当我们情绪不好时也最好不要开口，从长远来看这是有益的。当我们跟别人发生争吵，并且两人的情绪都很激动时，不妨先搁置争议，等双方都冷静了以后，再心平气和地讨论问题，这样双方的沟通才有实际意义。

学会把话语权交给对方

当我们与他人出现争执的时候，我们无谓的解释、反驳可能会使对方停止陈述。然而，这往往只是表面的或因言辞不力而被迫停止激烈的论述，对某事保持暂时的"缄默"，而事实上，对方内心却充满了对立情绪，我们因此难以获得对方的真实信号、信息。相反，如果我们保持安静，不插话、不急于反对，待对方充分发表真实的意见、看法后再进行解说、论述，则可以获得更多准确的信息而无须自行猜测或妄断对方的想法。同时，也避免我们因采用语言或某种强迫手段使对方终止表述，给对方留下反感的印象。

伊里亚·爱伦堡的长篇小说《暴风雨》出版后，在社会上引起震动，褒贬不一，莫衷一是。某报主编不知从哪里得到了斯大林对《暴风雨》的看法，认为此书是"水杯里的暴风雨"。

为了讨好领导，主编就组织编辑部人员讨论这部小说，以表示该报的政治敏感性和高度的警惕性，表明该报鲜明的立场。

讨论进行了数小时，发言人提出不少批评意见。由于主编的诱导，每篇发言言辞都辛辣而尖刻，如果批评成立的话，都足以让作家坐几年牢。可是在场的爱伦堡极为平静，他听着大家的发言，显出令人吃惊的无动于衷的态度，这使与会者无法忍受，纷纷要爱伦堡发言，并要求他从思想深处批判自己的错误。

在大家的再三督促下，爱伦堡只好发言。他说："我很感谢各位对鄙人小说产生这么大的兴趣，感谢大家的批评意见。这部小说出版后，我收到不少来信，这些来信中的评价与诸位的评价不完全一致。这里有封电报，内容如下：'我怀着极大兴趣读了您的《暴风雨》，祝贺您取得了这么大的成就。——约瑟夫·斯大林。'"

主编的脸色很难看，以最快的速度离开会场，那些批判很尖刻的评委们也都抱头鼠窜了。爱伦堡轻轻地摇摇头："都怨我，这么过早的发言，害得大家不能再发言了。"

爱伦堡的聪明在于他深知：如果打断别人，据理反驳，必激起同仁们更为尖锐的批评。在这种不利于自己的情况下，最明智的做法就是把话语权交给对方，褒贬随人。

要知道，交谈是双向的，而不是一个人唱独角戏，在交谈中懂得适时地倾听对方说话和提问有关问题，能够表现出对对方的尊重，也有利于引导谈话向更深的层次发展。对此，我们可以从以下几个方面来加以注意。

1.要有耐心，不能随便打断他人的讲话

有些人话很多，或者语言表达有些零散甚至混乱，这时一定要耐心听完他的叙述。即使听到你不能接受的观点或者伤害某些感情的话，也要耐心地听完。听完后可以反驳或者表示你的观点。

当他人流畅地谈话时，随便插话打岔，改变说话人的思路和话题，或任意发表评论，都被认为是一种没有教养或不礼貌的行为。

2.集中注意力，真心诚意地倾听

人的思绪常进行得很快，往往超过讲话的速度。讲话的速度是每分钟

120～160字，而思考的速度则是每分钟400～600字。由此，要强迫自己集中注意力。

假如你真的没有时间，或由于别的原因而不愿听对方谈话，你最好客气地提出来："对不起，我很想听你说，但我今天还有一件事要做。"礼貌地提出来，比勉强听或者坐着开小差更好一些。

3.适时给予反馈

反馈就是用自己的语言复述对讲话人所表达信息和情感的理解，这表明你已经听到并理解了信息。你可以逐字逐句地重复讲话人的讲话，也可以用自己的语言解释讲话人的意思。比如："你的话是不是可以这样概括……"当别人说："我不喜欢我的领导，再说，那个工作也很烦人。"你可以用自己语言解释："你对你的工作不太满意？"

4.偶尔的提问或提示给讲话者以鼓励

偶尔的提问和鼓励往往代表你对对方所说的话的重视。如："你能详细说明一下刚才你讲的意思吗？"

"我可能没有听懂，你能再讲具体一点吗？"

或用提问或评论的方法鼓励讲话人：

"这几条建议，你认为哪一条最好呢？"

"这很有趣，请你接着说。"

同样，可以适时用简短的语言，如"是""对的"或点头微笑来表示你的赞同和鼓励。

俗话说得好："会说的不如会听的。"只有会听，才能真正的会说；只有会听，才能更好地了解对方，促成有效的交流。不重视、不善于倾听就是不重视、不善于交流。交流的一半就是用心倾听他人的谈话。不管你的口才有多么出色，你的言语多精彩，也要注意听别人说些什么。

在人际交往中，专注认真地倾听对方的谈话，就是在向对方表示你的友善和兴趣，就等于在告诉对方，"你说的东西很有价值"，或"你值得我结交"。因此，对方对你的感情也就更进了一步，"他能理解我"，"他真的成了我的知己"。同时，倾听也能够使对方的自尊心得到满足。倾听的最大价值就是深得人心，使双方感情相通，心理距离缩短，信任度增加。只要时机成熟，双方就可以从陌生人变成好朋友，甚至是知己。

因此，注意倾听是你给别人留下良好印象的有效方式。许多人不能给人留下良好印象，就是因为他不注意听别人讲话。心理观察显示，人们喜欢善听者甚于善说者。戴尔·卡耐基曾举过一例：在一个宴会上，他坐在一位植物学家身旁，专注地听着植物学家跟他谈论各种有关植物的趣事，除了提出一个问题之外，几乎没有说什么话，但分手时那位植物学家却对别人说，卡耐基先生是一个很有意思的谈话者。

交谈中的情感对接：优雅的谈吐更易打动人心

语言是交谈的外在表现和载体。优美的音质、得体的称呼、谦和的语气……在与人交谈时，若能注意这些最能代表一个人优雅谈吐的几个方面，将会帮你迅速赢得他人的好感，为你的个人魅力加分。

为声音"美容"：让对方倾心于你优美的音质

我们在谈吐中的每一句话，既向别人传递了信息，又表达了个人的思想观点。因此，要想达到我们预期的目的，不仅要在语言的组织形式上下一番功夫，更需要在声音上进行必要的处理。因为很多时候，一个精辟的见解，经过严密的思维表达出来往往并不能产生理想中的效果，既不能让别人对我们所要表达的信息有一个完整的把握，又无法让别人对我们的思想有一个正确的了解。造成这种现象的原因，就是因为我们在说话的时候音质出现了缺陷。如果音质上面出现了缺陷，就会让我们的口才大打折扣。因此，我们应该对自己的声音做一下必要的"美容"。

声音美容是指声带的保养和语音吐字的规范性调节，通过锻炼和练习，通过科学的发声训练方法，使声音变得优美。

富有特色和感染力的音质，仿佛一缕和煦的春风，使人与人的沟通更加亲切，充满信赖感；优美的歌声，使你拥有无边的魅力；但如一说话就满口"地方特色"，则失礼人前；声音太粗，被人称之为"公鸭嗓"；说话生硬，会让人望而生畏……

由此可见，说话的声音是十分重要的。一个音色柔美动听的女人，很容易被周围的人所接受；一个说话充满磁性的男中音，远比声音纤细毫无阳刚之气的男声有魅力。电视上的播音员，从外表上来看不是最出众的，但是他们的声音却是出类拔萃的，也由此得到了观众的认可和喜爱。

佳佳是一个挑剔的人，尤其是挑男朋友，自己的年龄眼见大了，还没找到一个合意的人。直到去年遇到了鹏鹏。

以前相亲，总是由中间人带去，然后和一个陌生的男人相对而坐，这时，佳佳那双挑剔的眼睛往往会把对方看得坐立不安，很少有男人能过得了这第一关。可鹏鹏不一样，他和佳佳的第一次约会，是通过电话。

那天的见面由于鹏鹏的临时出差取消了，但他当晚便给佳佳打了一通致歉电话。鹏鹏自报家门，说："你好，我是白天本来要和你约会的那个人，因公司有紧急任务，才不得不临时取消约会，真是不好意思。"

这是鹏鹏的第一句话，很客套，却让佳佳听得很开心，她惊叹他的成熟与礼貌，更惊叹的是——他的声音，那声音，有点像童自荣，是那种贵族气息的磁性男中音，那一刻，佳佳爱上了这个声音。

于是，佳佳一改从前约会的矜持，很放松地在电话里跟他聊起天来。听得出来，鹏鹏本来有几分紧张，慢慢地越来越轻松，说话也越来越有感染力了。伴着听筒里微微传来的电流声，他的声音听上去更性感，佳佳不禁猜测，他是一个怎样的人呢？是不是长得很帅？或者有点像佐罗？

佳佳开始很想见鹏鹏，可他一出差就是一个多月，于是，两人只得约好天天在电话里聊天。鹏鹏的声音成了佳佳生活中不可少的一部分。

不过，有点遗憾的是，两个月后佳佳在机场看到鹏鹏时，他不像佳佳想象的样子。他脸上透着几分淡淡的倦意，个子并不高大，脸庞也没有佐罗那么帅，可是佳佳却对他毫不挑剔，因为她发觉，只要他一开口，他就那么风度翩翩，气宇轩昂。不仅是他的声音，还有那说话时的眼睛，紧紧地凝望着你，甚至他说话激动时那充满个性化的手势，竟有点像个外交家。

天哪，佳佳挑剔的眼睛，第一次看人全是优点！

现在，他俩已经谈了一年多恋爱，准备结婚了。

有时，佳佳不禁心想："如果不是最初他的电话，如果不是他的声音打前阵，天知道我们会不会走到一起！"

有很多人羡慕别人完美的音质，觉得他们的声音是自然天成，其实不然，那些声音中充满了美感的人，也是经过后天的锻炼才拥有这般美好的音色的。就好像我们常常为了拥有健美的身材而刻意去锻炼是一样的，为了一个美妙的声音我们也应该付出一定的努力。

声音就像人体的指纹一样，具有很强的个体性，其本来的音色虽然不能改变，但通过平时一些小细节的修炼，也可以改善提升魅力。这里简要介绍几种办法，供大家参考。

第一，保护好嗓子。沙哑的嗓子最是没法说出动听的语言，所以平时要养成良好生活习惯。饮食不能过分辛辣，少抽烟喝酒，K歌的时候不可扯嗓子硬撑，多喝水，保证充分睡眠。平时可以多食用润肺的食品。

第二，平时多注意学习和掌握发声技巧，纠正语言发音，使声音有不足之处的人的声音得以改善，美化自己的声音，使其更圆润、语言的表现力更强。

如照镜子找毛病说话的时候留心照照镜子，看看自己的嘴形好不好看。据说，许多人说话时都有歪嘴的不良习惯，还有人说话时眼睛乱眨，总之，照照镜子，你会发现许多想不到的语言附带毛病。

第三，语速要舒缓。语速的调整可以弥补语音的缺点，语速要适中。声音尖细的人，一定要放慢语速；声音低沉的人，要适当加快语速，语速的调整可以弥补语音的缺点。

第四，少唠叨。有调查显示，长舌妇的噪音99%有杀伤力，再好听的声音，一旦成了唠叨的工具，便会让人的耳朵起茧。

第五，忌喊"破"声。所谓声音"破"了，是指大喊大叫，把嗓子喊沙哑了。在KTV里，人们可以纵情"喊"歌，放松心情，但再纵情也要悠着点，嗓子喊破一次，过几天便可以还原，但经常喊破，就很难还原了。

第六，多看看法语片。有人说："法语是世界上最优美动听的语言。"的确，这种用气声发音的语言充满了情调，音质比较圆润，不论法国男人还是女人，发出的声音都吐气如兰。因此，多听听法语，哪怕你并不懂这种语言，也会受些潜移默化的熏陶。

总之，优美、清晰、流畅的语音，是气质美、仪态美的重要表现。为声音做个"美容"，可以塑造成功的形象，让您充满自信，增加个人魅力，拥有更好的生活品质、成为您成功的形象代言，让您在工作、学习上更胜人一筹！让您的生活更有品位！把握更多的成功机会！

称呼得体：赢得良好人缘的第一步

称呼语是交际语言中的先锋官。和别人打交道，总是以称呼开头，它好像是一个见面礼，又好像是进入社交大门的通行证。称呼得体，可使对方感到亲切，交往便有了基础。称呼不得体，往往会引起对方的不快甚至愠怒，双方陷入尴尬境地，致使交往梗阻甚至中断。

有一则流传很广的故事：

从前，有个年轻人骑马赶路，忽见一位老汉从身边路过，他便在马上高声喊道："喂！老头儿，离客店还有多远？"

老汉回答："五里！"年轻人策马飞奔，急忙赶路去了。结果一气跑了十多里，仍不见人烟。他暗想，这老头儿真可恶，说谎话骗人，非得回去教训他一下不可。他一边想着，一边自言自语道："五里，五里，什么五里！"猛然，他醒悟过来了，这"五里"，不是"无礼"的谐音吗？

于是，年轻人拨转马头往回赶。见到了那位老人，急忙翻身下马，亲热地叫声"老大爷"，话没说完，老人便说："客店已走过去了，如不嫌弃，可到我家一住。"

这则故事通俗而明白地告诉人们在人际交往过程中讲究礼貌的重要性。"人而无礼，不知其可"，粗俗的言行与得体的礼貌将产生截然不同的交际效果。

称呼是交际大门的通行证，是沟通人际关系的第一座桥梁。所以，称谓语使用得当与否，对交际的好坏有直接影响。一声充满感情而得体的称呼，不仅体现出一个人待人礼貌诚恳的美德，而且使对方感到愉快、亲切，易于交融双方情感，为深层交际打下基础。那么，怎样称呼才算得体呢？

要做到称呼得体，应根据对方的年龄、职业、与对方的亲疏关系等具体情况而定。

1.考虑对方的年龄特征

见到长者，一定要呼尊称，特别是当你有求于人的时候，比如："老爷爷""老奶奶""大叔""大娘""老先生""老师傅""您老"等，不能随便喊："喂""嗨""骑车的""扫街的""放牛的""搬砖的"等，否则，会使人讨厌，甚至发生不愉快的口角。另外，还需注意，看年龄称呼人，要力求准确，否则会闹笑话。比如，看到一位二十多岁的妇女就称"大嫂"，可实际上人家还没结婚，这就会使人家不高兴，不如称她"大姐"更为恰当。

2.考虑对方的职业特征

我们时常会碰到有些人，不管遇到什么人都口称"师傅"，难免使人反感。可见在称呼上还必须区分不同的职业。对工人、司机、理发师、厨师等称"师傅"，当然是合情合理的，而对农民、军人、医生、售货员、教师，统统称"师傅"就有些不伦不类，让人听着不舒服。对不同职业的人，应该有不同的称呼。比如，对农民，应称"大爷""大妈""老乡"；对医生应称"大夫"；对教师应称"老师"；对国家干部和公职人员、对解放军和民警，最好称"同志"。随着社会的飞速发展，人们之间的交往日渐频繁和复杂，人们相互之间的称呼也就越来越多样化，既不能都叫"师傅"，也不能统称"同志"。比如，对外企的经理，对外商，就不能称"同志"，而应称"先生""小姐""夫人"等。对刚从海外归来的港台同胞、外籍华人，若用"同志"称呼，有可能使他们感到不习惯，而用"先生""太太""小姐"称呼倒会使人们感到自然亲切。

3.考虑自己与对方之间的亲疏关系

在称呼别人的时候，还要考虑自己与对方之间关系的亲疏远近。比如，和你的兄弟姐妹、同窗好友、同一车间班组的伙伴见面时，还是直呼其名更显得亲密无间，欢快自然，无拘无束。否则，见面后一本正经地冠以"同志""班长""小姐"之类的称呼，反倒显得疏远了。当然，为了打趣故作

"正经"，开个玩笑，也是可以的。

在与多人同时打招呼时，更要注意亲疏远近和主次关系。一般来说以先长后幼、先上后下、先女后男、先疏后亲为宜。

4.考虑说话的场合

称呼上级和领导要区别不同的场合。在日常交往中，对领导、对上级最好不称官衔，以"老张""老李"相称，使人感到平等、亲切，也显得领导平易近人，没有官架子，明智的领导会欢迎这样的称呼的。但是，如果在正式场合，如开会、与外单位接洽、谈工作时，称领导为"王经理""张厂长""赵校长""孙局长"等，常常是必要的，因为这能体现工作的严肃性、领导的权威性，是顺利开展工作所必须的。

5.考虑对方的语言习惯

我国幅员辽阔，人口众多，方言、习俗各异。在重视推广普通话的前提下，还要注意各地的语言习惯。违背了当地的语言习惯，就可能碰钉子。

中国是礼仪之邦，办事能否顺利达到目的，说话会圆场面有时会起到很大的作用。谁都愿听顺耳话，何况是在被人求的时候，明白了这一点，在与人交往时就应该知道怎么做了。

嘘寒问暖：得体的客套话礼貌周到

客套，包含着客气、谦卑；处处显示出对别人的尊重；客套，还显示出你的平和与内敛。

客套是语言艺术中的一种。我们往往在教育孩子的时候会说"见了大人要打招呼""借了同学的橡皮要说'谢谢'""不小心碰到了人家要说'对不起'"等，这是最基础的礼貌教育。

客套的书面文字是那么的枯涩、乏味，但是变成语言之后，却是那么的悦耳和动听。

一次，李女士去看重病中的好朋友，看到对方非常痛苦的样子，她没有说一句话。她没有说话是因为当时有许多的顾虑：说客套话吧，不能表达自己的心情；说得太多，又怕触及对方的悲伤情绪。所以她选择了沉默。

这种"沉默"要比虚情假意和口蜜腹剑的做法诚实得多。但是，由于不能充分地表达自己的内心，在他人看来未免太冷漠了。一个人如果连一句最普通的客套话都不会说，探望病人的时候，连一句"没事吗"都说不出口，这种人会给人一种冷酷的感觉。

所以，生活中要学会说客套话，用自己的语言表达出自己的感情，比如"没事吗"这句话，你并不是只把字面的含义说给对方，这里面，你可以加进去自己的真实感情，比如"有什么我能帮你的？""我看到你难受的样子非常难过！""没事吗？要不抽空我们一起去散散心？"……这样，更有益于促进彼此之间的关系。客套不是低声下气，是尊重；客套不是虚伪，是礼貌。

古典名著《红楼梦》中，就有许多经典的场面话。在《刘姥姥进大观园》一回中，刘姥姥找到周瑞的娘子时，两人就用了许多场面话来进行寒暄。

周瑞娘子迎出来问："是哪位？"

刘姥姥忙迎上来问道："你好呀，周嫂子！"

周瑞娘子认了半天，方笑道："刘姥姥，你好呀！你说说才几年呀，我就忘了。请家里来坐吧。"

刘姥姥边走边笑道："你老是贵人多忘事，哪里还记得我们呢！"

刘姥姥来到房中，周瑞娘子命小丫头倒上茶来吃，在问些别后闲话后，又问姥姥："今日是路过，还是特地赶来的？"

刘姥姥便说："原是特来瞧瞧嫂子你，二则也请请姑太太的安。若可以领我见一见更好，若不能，便借嫂子转达致意罢了。"

在这段对话中，刘姥姥与周瑞娘子说的大部分都是场面话。刘姥姥通过一番场面话，让周瑞娘子觉得，刘姥姥虽然是个出身寒酸的人，但还是很懂礼数的。而同时，刘姥姥也化解了自己寒酸的身份，之后双方再聊起正题就显得亲切、自然许多，周瑞娘子也会给刘姥姥一个见主子的机会。

一些本来不好开口的话，经过场面话的客套之后，听起来就舒服多了。因此，在交际的过程中，一定要重视场面话的作用，特别是当你与陌生的人或不熟悉的人交往时，场面话无疑是清除距离障碍的第一把钥匙。

无论生活还是工作都需要语言作为纽带。人要衣装，佛要金装，语言也要靠包装。语言的魅力，在于使人心悦诚服，语言的运用，在于修养气度。

会客套的人，说出来的话叫人喜欢听、愿意听，别人也会欣然接受；不会客套的人，常常面临许多的尴尬，造成许多的误解，出现人际关系的障碍，导致自己的人脉越来越窄。

有的人说，客套多，朋友多；朋友多，好事多。这句话一点都不假。因为客套和寒暄可以帮助你认识很多朋友，缩短人与人之间的距离，从而促成两人的亲密交往。在生活当中，我们往往会听到如"谢谢您""多谢关照""劳驾""拜托"之类的客套话。这样的客套话可以向别人表示感谢，能沟通人与人的心灵，建立融洽的人际关系。在求人做事以后，应真诚地说一声"谢谢"。如果你不说一声"谢谢"，只把感激之情埋在心底，对方会有一种不快的感觉，他的劳动没有得到肯定，或认为你不懂礼貌，今后也不会再帮助你。同样，在打搅别人，给别人添麻烦时能真诚地说一声"对不起"，对方的气就会减少一半。这些都能显示出你礼貌周到、谈吐文雅。擅长外交的人们像精通交通规则一般精于客套，得体的客套同我们美好的仪容一样，是永久的荐书。所以，在人际交往、求人办事的过程中，我们千万不要忽视客套的作用。

许多时候，客套就是表现出对对方的尊重、礼节和谦虚，比如有人作报告或讲话时，总会说"我资质不高，研究不够，恐怕讲不好"，或者是"我讲得不好，请大家批评指正"。诸如此类的客套话，看起来是随口而出，实际上起着表达讲话者谦恭愿望的作用。

第七章　交谈中的情感对接：优雅的谈吐更易打动人心

语气谦和，让人倍感亲切

在日常交际中，同样一句话，在不同的场合，对不同的人，可能使人捧腹大笑，也可能使人怒火冲天。俗话说"言者无心，听者有意"，也是有道理的。所以孔子曾说君子讲话要谨慎。其实不仅讲话要谨慎，还要谦虚、平和，不能以一种指责或压迫的口吻说别人，只有这样，别人才会觉得你是尊重他的，那么你也就会赢得别人的尊重。

我们来看一个小故事：

新战士小米在一次班务会发言中，无意中涉及了老兵小李的某些问题，小李误以为小米是有意要他在大家面前出丑，便指桑骂槐地数落了小米一番。

事后有人对小米说："你当时怎么不责问他？"

小米说："事情会弄明白的，即使小李不明白，你们大伙不也都明镜似的吗？"从此以后，小李还经常向别人散布小米这人只会巴结班长，爱表现自己。对此，小米也一笑了之，

他说："我帮班长做事是应该的，别人不帮大概是有原因的，要么累了，要么有别的事要做，班长有事我帮忙做，别人有事我也没看热闹啊，时间长了他会了解我的。"

果然，经过一段时间的朝夕相处，小李对小米的人品有了全新的认识，主动向小米赔了不是，全班战士也都乐意和小米共事，甚至只要小米参加勤务劳动时，大伙都不好意思偷懒了。

冷嘲热讽、盛气凌人、刻薄冷漠……会让人痛苦难受，记恨多年；接纳

尊重、语气谦和、微笑鼓励……能让人如沐春风，如浴冬阳。爱默生说过："用刀解剖关键性的字，它会流血！"的确，听到别人刺伤我们、没口德或刻薄的话，我们的心真的会"流血"。因此，"会让别人的心流血"的话，绝不要从我们的口中说出，因为，没"口德"的人就没有"品德"。

从一定程度来说，谦和的语气仿佛一泓清澈的温泉，从那湖心深处荡漾出的笑纹，让人倍感亲切。在与人交谈中，由于种种原因，难免会遇到他人的误解甚至会招致别人的"攻击"。此时，如能保持谦和、尊重他人的心态，先从自身找找毛病，再从长远考虑问题，等到云开雾散，真相也就会自然而然地让别人明白的。

在与人交往中，无论谈话的对象是谁，都应谦和待人，让对方感觉你尊重他而没带有任何的偏见或抵触，千万不要咄咄逼人。有一位哲学家说："尊重别人是抬高自己的最佳途径。"事实也是如此。

锋锋是一个年轻的报社编辑，刚刚从学校毕业，心高气傲。他觉得自己总是高人一筹，这使同事们也不大愿意与他相处。后来，是一位年长的总编教会了他怎样与人交往。

每天一到报社，锋锋都看到总编带着一脸的微笑，并且和每一位编辑记者乃至杂勤友好地打招呼。如果有什么问题向他汇报或是请教，他也总是微笑着，身体微微向前倾，认真听人说话，然后以感激的口吻说："真是辛苦你了！"或者以商量的语气说："你看是不是这样，或许会好点。"所以，锋锋每次从总编室里出来，心里都是暖暖的，哪怕是有些建议没有被采纳，也会从那儿得到一句让人心暖的话："这个主意不错，不过还是不太成熟，让我们一起好好地研究研究。"这位年轻的编辑终于知道了与人交往中态度、语气的谦虚以及尊重他人的重要性，他也学会了怎样与人相处，工作上也变得顺利多了。

每个人都讨厌那种颐指气使、咄咄逼人，甚至是故意刁难别人的人，因为从这种人口里说出的话，总是让人听起来不顺耳、不舒服，所以这样的人也很难与他人和谐相处。很明显，语气和谦、态度和善，是尊重他人的表现，做到这一点，那么在他人看来，你才是一个值得他们尊重、交往的人。

创意无限：换一个角度表达，让生活精彩不停

当爱迪生为寻找合适的灯芯失败了上千次后，他仍没有放弃。于是有人嘲讽他，而他却风趣地说道："至少我也收获了一千多根失败的灯芯！"爱迪生换了一种角度回答，既消除了自己的尴尬，又缓和了气氛，也使人们看到了他生活中颇具创意的一面。因而，换一种角度，便是一种豁达；换一个角度表达，便可演绎自己独特无双的风采。

洞察心情晴雨表，走进孩子的内心世界

情绪是人对客观事物是否符合需要、愿望和观点而产生的体验。它作为一种主观感受，表现比较短暂，具有较强的情景性，并带有明显的外部表现，如喜悦、愤怒、愉快、烦躁等，是一个人心理活动的外在表现，是探究人心理的晴雨表。有良好情绪的人应当是对生活、学习、工作充满热情，情绪稳定、积极、乐观向上，会调控自我情绪，并和周围的人或事能处于和谐的状态中。可当情绪超出了正常的心理反应，就容易使人变得悲观、失望、沉默，或者急躁、冒失，常为一点小事大发脾气，甚至有攻击性行为，言语失调且难以自制。

这一点在孩子身上表现得尤为明显。如果不及时从心理上对孩子进行疏导、引导、教育，而将其作为简单的道德问题加以正面压抑或压制，则会形成孩子的情绪障碍，影响孩子的心理健康，从而影响孩子道德、学习的发展，影响孩子与周围人的关系，把他们推出心理正常发展的轨道。因此，无论是家长还是老师，都不能忽视对孩子的情绪教育。平时要善于观察、及时发现，及时分析原因，及时疏导，并善于把识别、控制、调节情绪的方法教给孩子，让每个孩子都拥有良好的情绪。

果果是"夏令营"的小学员，一个初三学生，外表可人，却总是眉头紧锁，很少会露出笑容。因此，有人在她的绰号上加了一个"冰"字，成了名副其实的"冰果果"。

一天晚上活动结束后，果果约了与自己同宿舍住的梓涵老师，也是她们M营的教官，两人在月下散步，果果跟梓涵老师聊起了纠结于心很久的事情。

"老师，我一直觉得自己很倒霉！"果果突然说。

"嗯？怎么倒霉？你能举例子说明吗？"梓涵老师与她坐在石凳上，听她说。

"我常常能碰到有人撞车，"乳白的路灯光下，果果皱着眉头，"从家里到学校的路上总是不顺利，交通阻塞，过马路就遇到红灯……"

"更倒霉的是，我常常因此而迟到，一迟到就被老师逮住了，然后被罚站，其他同学也迟到，但没有被老师逮到，就我倒霉。"她一脸的郁闷。

"还有其他倒霉的事吗？"梓涵老师关切地问她。

"老师，我觉得我遇上了所有倒霉的事情，你看我在学校食堂打饭，经常被人插队，轮到我时，老是没有打到自己喜欢吃的饭菜，老师，我是不是得永远这样倒霉下去啊？"果果既委屈又苦恼。

"除了以上三件事，还有其他倒霉的事吗？"梓涵老师平静地问。

"老师，我都这么倒霉了，难道还不够吗？"果果见老师并没有同情她，开始生气了。

老师把手搭在她肩膀上，笑着跟她说，"果果，发生这些事情，你觉得自己一直很倒霉，老师也能理解。但是我们来客观地想一想，你说的这些事情是不是每个人在日常生活中都会遇到呢？交通规则红灯站绿灯行，外出上班或上学，走过马路穿过十字路口时，我们每个人是不是都会遇到红灯呢？"

"嗯，也是。"

"撞车、堵车的发生有一定的概率，但也不会天天遇到，你说对吗？"

"是的，老师，我只是有时候会遇到。"

"你上学迟到，被老师逮到了，自然要被罚了，因为学校要求学生按时上学，迟到的学生是要接受惩罚的，这是学校的纪律。如果你的同学迟到了，并被老师逮到了，也同样会被老师罚站的，对吗？班上的这个规矩，老师也不是针对你一个人的吧？"果果听了后，心情舒展了很多。

梓涵老师继续说："食堂排队打饭，本来就是先来后到，先到先得。别人插队是他没有遵守好纪律。食堂里的饭菜有一定的数量，如果你去晚了，你自然就轮不到了，你没有打到喜欢吃的菜，那排在你后面的同学是不是也都没有打到呢？这也不止你一个人没有吃上喜欢吃的菜呀。"

"我应该早一点到……"果果想明白了。

"如果你把这些小事情放在心上，叠加在一起，你就会越想越觉得自己倒霉。根据宇宙的吸引法则，当你觉得自己倒霉，给自己贴上了'我是一个倒霉的人'的标签时，你就真的会吸引更多倒霉的事情来到你身边。其实生活中的这些小事情，不止你会遇到，老师也会遇到，我们营里所有孩子也都会遇到。如果我们转念想想，还会觉得自己其实挺幸运。比如说，今天我上学路上挺顺利，今天我打到了我喜欢吃的菜，今天铃声响时，我冲进了教室……多想一些幸运的事情。"果果听了老师一席话，释怀了，脸上绽开了笑容。

在上述故事中，梓涵老师非常懂得照顾孩子的情绪，从果果的心理出发，循循善诱，让孩子敞开心扉和自己说话，最终帮助她把所谓的"我是一个倒霉的人"标签撕掉，并引导对方去发现事情本来的面貌：原来事情并没有她想象的那么严重，也没有她想象的对她影响有那么深，而是她自己拿着放大镜把芝麻放大了。其实，很多时候，影响情绪的原不是事情本身，而是我们对事情的看法。相信果果在经过梓涵老师的开导后，会懂得换一个方式看待自己，看待周围的环境，将自己的生活装扮得如同春天般烂漫多彩。

孩子不良情绪引起的原因有多种。从外部看，有来自家庭的因素。有的父母过分溺爱、宠爱孩子，造成孩子任性、易冲动的情绪；有的家长自身行为不正，给孩子造成不良影响；有的家长，则过于严厉，对孩子压制多，批评多，造成孩子胆怯的情绪；有的父母离异或不和，形成孩子偏执、孤僻、内向的个性；有的家庭教育不一致，导致孩子情绪不稳定。另外，还有来自学校的因素，教师自身情绪没有调节好，给孩子造成心理压力；孩子遇到学习困难，没有及时得到帮助，而造成沉默或烦躁等情绪；班级中集体舆论过分的批评，也可致孩子出现恐惧、沉默、自卑或攻击性言语、行动。从孩子内部心理因素看，孩子性格发展扭曲，意志脆弱，自制力差，心理承受力差，也会引起不良情绪。

无论哪种原因所致，在孩子陷入苦恼之中时，作为父母或教师，要尽量做到早发现、早沟通、早解决，将孩子内心的苦恼减轻到最少。以下是几点建议。

对家长而言：

1.学会换位思考

受其身心发展水平的制约，孩子在与家长交流过程中，他们的谈话方式，他们的思维、想象，以及他们的兴趣爱好等都与家长存在较大的差异。具体表现在交流过程中的倾听、理解、表达能力等方面，这种差异在客观上影响了孩子与家长沟通的顺利进行。因此，家长应学会站在孩子的角度思考问题，从孩子的立场出发，充分去体验孩子的内心感受，做到"童心未泯"，真正成为孩子的知心朋友。

2.学会赏识孩子

因为容易用成人的眼光来看待孩子的所作所为，所以往往不轻易将赞扬给予自己的孩子。据调查发现，与孩子"谈不来"的家长十有八九说不出自己孩子的长处，而对子女的种种"不是"却能娓娓道来。其实，道理很简单，有谁会乐于与一个并不赏识他的人交谈呢?孩子更需要鼓励，孩子更需要表扬，如果我们不是以成人的标准，而是从孩子的角度来看待孩子，你就会发现孩子身上有许多的闪光点，有许多值得我们称赞的地方。孩子得到了肯定，他们就会更加的自信，也更加乐意与家长交谈，沟通水平也就会自然的提高。孩子内心的苦恼也会在交流的融洽氛围中慢慢淡化。

对教师而言：

1.角色换位，增强亲和力

教育心理学家认为，教育者的个人威信与教育效果呈现出较为明显的一致性。因此，班主任在孩子中享有较高的威信，是成功进行情绪疏导的前提和保证。班主任要用自己的学识和丰富的人生阅历，做孩子成长路上的知心朋友和引路人。班主任不仅要把自己扮成严师的角色，而且还要扮演好"爱如慈母，管如严父，亲如朋友"的三重角色，做到以心换心，以诚对诚，不断拉近师生之间的距离，帮助孩子拥有良好的情绪。

2.开展丰富的集体活动

孩子一般过着"家庭——学校"两点一线的单调生活，也由此限制了他们的视野和活动空间。紧张而富于竞争的学习生活，很容易使孩子产生紧张、压抑、忧郁的情绪表现。因此，班主任要根据孩子们好奇、好玩、好动、好积极思维的特点，利用自习或业余时间，组织一些丰富多彩的文化活动，使孩子在轻松愉快的氛围中学习、成长。如在班级中经常开展才艺表演，鼓励孩子积极参加班际、校际间的交往活动，兴趣小组活动，夏令营活动等，使孩子在活动中培养兴趣，发展特长，陶冶情操，开阔眼界，最大限度地满足儿童的心理需要，为孩子生动活泼、健康地成长提供广阔的空间。

顾及他人的感受，才能赢得尊重

常常看到，父母狠狠教育子女，什么狠话都说了，根本不用顾及子女的感受……

常常看到，某某领导狠狠批评下级，什么狠话都说了，根本不用顾及下级的感受……

常常看到，交流双方的主说者有意无意表达了对听者的不屑，根本不用顾及听者的感受……

结果是什么呢？

父母教育完子女，也许早忘掉了自己生气时说的狠话，可是，对子女的伤害却是久远的，不少孩子会对父母的话耿耿于怀，记一辈子。因为孩子最看重父母，最在意父母的话语……

领导批评完下级自己痛快了，可下级的自尊心、工作积极性会受到严重挫伤。消极怠工是小的，有可能就跳槽走人了……

主说者是交流中的强势群体，他说者无心，但听者有意，听者可能就不会再和对自己不屑的主说者见面了，主说者逞了一时的口舌之快，却可能失去了朋友……

不用顾及别人的感受，说到底——是对别人的不尊重。

所谓顾及，其实就是一种经过思考，认为顾及别人会使事情顺利发展而采取的行动。这无疑是一种优良的品德。因此，在日常工作和生活中，我们应该多站在对方立场上思考问题，不要一味地只顾自己。

奕博是一家公司的职员，一次，他在饭店请一位生意上的伙伴吃饭。本来两人聊得十分开心，可是服务员上菜时，一不小心把一些汤汁洒在了奕博的裤子上。服务员见状，立即找来餐巾纸为他清理裤边和鞋子，一边擦一边道歉："真是不好意思啊，我不是故意的，实在是因为不小心出了这样的错误，对不起，请您原谅。"

然而，脾气一向暴躁的奕博，非但没有消气，反而更加大声地斥责："作为一名服务员，难道连怎么上菜也不会吗？我的裤子和鞋子都很贵的，你怎么走路也不长眼啊！"

听了这话，服务员只好连连赔不是。可奕博却得理不饶人，非要找经理来算账，闹得整个饭店的人都朝他们那边看。

这时，他的合作伙伴说："谁都会犯错误，服务员也并非成心那样做，你何必这样不依不饶呢？本来我们还想跟你合作下去，现在看来，没有这个必要了。我认为，没有宽广心胸的人，在做生意的时候也不是一个可靠的合作对象。"说完，这位朋友起身离开了。

不懂得体谅、尊重他人的人，往往会以自己的利益为先，而根本不会想到去顾及别人的想法和感受。这样，不但得不到他人的尊重，还会导致很多事情无法顺利展开，甚至像故事中的奕博一样丢掉了自己的一单生意，这实在是得不偿失了。

就像"世界上没有完全相同的两片树叶"一样，由于生活环境的不同，人们的人生观、生活习惯等也不可能完全相同，我们不能用自己的习惯、思维、价值去批评指责对方，有话好好说，好话更得好好说，让说出去的话起到积极的作用。先学会顾及别人的感受，先学会尊重别人再交流吧，唯此，方可体现出交流的正价值。

第八章 创意无限：换一个角度表达，让生活精彩不停一天傍晚，在一个装潢简单却颇为雅致的餐厅里，一位父亲带着十一二岁的儿子来用餐。服务员端上饭菜后，这个男孩对服务员道声谢谢后，便拿起汤匙大口大口地喝起汤来。

看到孩子贪婪的样子和喝汤发出的响声，父亲笑着提醒他说："舀汤的动作轻一些，喝汤时慢一点，这样就不会发出太大的声音了，在餐厅里弄出太大的响声是一种缺素养欠文明的表现。"

孩子不解地问："我既没把汤洒到桌上，更没溅到别人身上，怎还和缺素养欠文明扯上了关系呢？"

父亲耐心地启发孩子说："喝汤发出的响声会不会影响到邻桌，会不会让他人感到不舒服？这是我们要自觉注意到的问题。讲素养，讲文明，就是要处处顾及他人的感受，明白了吗？"

听了父亲的话，孩子顿悟地点了点头。

这位父亲的话语看似简单，却道出许多人忽视的道理：在现代文明的城市里，一个文明的市民理应顾及他人感受，留意自己的言谈举止是否影响了他人。之所以这样说，是因为在公共场所，个别市民漠视他人存在，不顾别人感受的行为会经常映入我们的眼帘：不顾他人通行随意停车；夏天纳凉衣着不整甚至赤膊短裤拖鞋在街上招摇；践踏花草、随地吐痰、乱扔垃圾；在公共场所"吞云吐雾"等。这些只图自己方便、只顾自己需要却全然不顾他人感受的行为，损害了自身形象，给他人带来了诸多不便，既不道德，更有失文明。

小节之处显大德、细微之处见文明。一个人在公共场所，会不会注意到自己的言行举止给他人带来不良感受，看似是生活小节，却反映出个人的文明修养程度，而人们对一个城市文明程度的感受，也往往来自于市民言谈举止这样的细节。如果每位市民都学会顾及别人感受，关注自己在公共场所的言谈举止是否影响了他人，或许我们就不会有那么多的随手之扔，就不会让自己的宠物随地方便，就不会驾车在斑马线上横冲直撞……那么，我们的城市将多一分文明，我们与周围的关系将多一分和谐，我们的生活将多一分精彩。

学会随机应变，打开人与人之间沟通的大门

语言和心理存在着千丝万缕的联系：出色的语言可以使陌生的人消除隔阂、产生好感；可以使相识的人感情更深、爱意更浓；可以使敌对的人消除矛盾、和平共处。

因此，要想让别人喜欢你，必须掌握别人的心理，培养自己随机应变的能力，做到采用最准确、最恰当的语言去与不同的人沟通和交流。唯此，才能打开人与人之间沟通的大门，彼此的心灵才能碰撞，才能产生共鸣。

小陈今年22岁，刚刚参加工作不久。参加工作前，父亲一直叮嘱他，在职场上要说该说的话，要做到言之有忌。小陈把父亲的话铭记在心，但是要怎样才能做到言之有忌呢？小陈很迷茫，不知道该怎么办，他想："总不能一句话都不说吧。"

一次，他和一位同事聊天，无意间说对方从外表上看，像个十八九岁的小姑娘，对方听了特别高兴，并且允诺小陈如果有需要帮忙的地方，尽管找她。小陈想："可能女孩子都希望别人说她年轻漂亮，下次遇到女孩子我也可以这样夸她，就会得到对方的好感了。"

后来，公司来了一位女客户，小陈负责接待。在闲聊的时候，小陈夸赞对方看上去很像个小姑娘。谁知道对方听到这句话的时候，脸色立刻变了，之后不论小陈说什么，对方都冷淡地回答。

原来客户一直想成为一个女强人，但是又长了一副甜美的脸蛋，因此别人时常怀疑她的能力。这让她很气恼，所以当别人夸她像个小姑娘的时候，她觉得别人是在间接否定她的能力，当然很不开心了。最后生意也不想谈了，没等小陈的领导出来见她，就找了个借口离开了。小陈也因此被领导臭骂了一通，本来有望加薪，这下全泡汤了。

人要懂得"变"的法则，这样才能把握机会，掌握人际交往的主动权，成为人际博弈的赢家。若不知道应变，则往往会得罪了别人也影响到自身工作、事业的顺利展开。所以，在人际交往中要学会应变。这才是智者的说话之道。如此一来，才能在各种场合都说出自己的精彩，从而建立广泛的人际关系，为自己的人生铺就一条宽广的路。

《红楼梦》中那个"粉面含春威不露，丹唇未启笑先闻"的王熙凤就是深谙说话要懂得随机应变的高手。

《红楼梦》中林黛玉初入荣国府，王熙凤来见林黛玉，拉过黛玉的手，上下细细打量了一回，仍送至贾母身边坐下，笑着说："天下竟有这样标致的人物，我今儿算见了！况且这通身的气派，竟不像老祖宗的外孙女，竟是个嫡亲的孙女，怨不得老祖宗天天口头心头一时不忘。只可怜我这妹妹这样命苦，怎么姑妈偏就去世了！"说着，便用手帕拭泪。

而当贾母笑道："我才好了，你倒来招我。你妹妹远路才来，身子又弱，也才劝住了，快再休提前话。"之后，王熙凤立即话头一转，又说："正是呢！我一见了妹妹，一心都在她身上了，又是喜欢，又是伤心，竟忘了老祖宗。该打，该打！"

在故事中，王熙凤先是从夸赞林黛玉的花容月貌并感叹她的不幸身世开始，实际上也是在奉承贾母。在贾母提及林黛玉身子弱，"快再休提前话"之后，王熙凤立即话锋一转，以将话题引到对自己的责备上。其绝妙之处在于，无论是夸赞林黛玉的部分，还是自责的部分，王熙凤句句都是"妹妹""老祖宗"的一席话，既让老祖宗悲中含喜、心里舒坦，又叫林妹妹情动于衷、感激涕零。至此，就把初次见到林妹妹应有的悲喜爱怜的情绪抒发得淋漓尽致，这种机变之术实在令人叹为观止。

因此，我们说话的方式要根据语境的变化而变化，不生搬硬套。该说不说是失误，不该说乱说是错误，说话恰到好处方是识时务。

将心比心，你会更幸福

中国有句成语，叫作"将心比心"，意为己所不欲，勿施于人。在与他人沟通交流时，人们经常想到"理解"这个词。从心理学的角度来看，每个人都渴求理解。为什么有那么多需要理解的心呢？究其原因，我们不难发现，理解别人和被别人理解其实是一件非常不容易的事，而"将心比心"则是理解的最好前提。将心比心，好说难做。难在真正将心比心，难在换位思考，难在付诸行动。如果在平凡的生活中能做到这一点，那么我们大家就会幸福许多，一切关系也就都融洽了。

如果和父母将心比心，就会体谅他们养家糊口的不易，体谅老人对我们的苦心；我们就会感受到老人对儿女的幸福期盼；就不会嫌他们唠叨，就不会为一些鸡毛蒜皮的事情与他们喋喋不休地争吵。特别是婆媳翁婿之间的相处，更需要将心比心，用真诚和善的语言温暖彼此的内心，才能保证家庭的和睦；只要把将心比心付诸行动，幸福就会在前面等着我们。

如果和朋友将心比心，就不会再处处设防，不会在朋友困难时说一些不着边际的风凉话来刺激对方袖手旁观。朋友是财富，好朋友就像好翅膀，会助你飞上蓝天，朋友是可遇不可求的，所以交朋友要交心。朋友之间将心比心，言语诚恳真切，对彼此充满了信心与爱心，大家就会觉得生活不再闭塞，不再冰冷，不再无助，不再处处充满陷阱，生活就会充满阳光和鲜花，就会多一份微笑。

如果和孩子将心比心，就不会再把沉重的希望强压在孩子身上，不会给孩子太多的压力，不会强迫孩子违背意愿去做事。就会以友人的身份和孩子沟通和谈心，根据孩子自己的兴趣爱好提供宽松环境，让他们像鸟儿一样自由飞翔，寻找属于自己的一方天空。

如果和爱人将心比心，就会感受到另一方为家庭无私的付出，为生活奔波的辛苦，为拉扯儿女的艰难，为幸福憧憬的心愿。这样我们会在对方劳动后，在对方困惑时，抑或在对方痛苦时，用充满温情的语言去抚慰对方，给予对方爱的力量。所有指责和埋怨，所有牢骚和抱怨，都会烟消云散。

纽约州汉普斯特市的山姆·道格拉斯，过去经常抱怨太太把过多的时间都用在修理草坪上了：他太太一周至少去草坪拔草、施肥和剪草两次。而道格拉斯却认为草坪和四年前刚搬来时一样，并未变好。当他把这话说给太太听时，自然就破坏了他们的夫妻感情。

后来道格拉斯认识到了自己的愚蠢。他试着从太太的角度考虑：她确实喜欢草坪，是因为她从中找到了乐趣。于是道格拉斯决心改变自己。

一天晚饭后，太太又去修理草坪，道格拉斯也跟了出去，帮助太太一起除草、施肥，他们边干活，边愉快地谈话，他的太太非常高兴。

从此他经常帮助太太修理草坪，并称赞她干得好，草坪比以前好看多了。于是，夫妻间的感情日益加深。

有些时候，我们很难用简单的对与错来衡量某一事情。看问题的角度不一样，结果也就不一样。当一个人面对严重的难题时，如果他能够从别人的立场来看待事情，换个角度来表达自己的观点，原本疑惑不解的问题可能就变得豁然开朗。

肯尼斯·古迪的《怎样让人们变成黄金》一书中有这样一段发人深省的话："停下来，用数秒的时间比较一下，你是如何关心自己的事情和关心他人的事情的，就会理解，别人也和你一样。而一旦你掌握了这个诀窍，你就会像罗斯福和林肯一样，拥有了做任何事的坚实基础。总之，和别人相处的关系怎样，完全取决于你在多大程度上替别人着想了。"

无独有偶，古拉得·力伊帕也和古迪有相同的观点。他在《进入别人的内心世界》一书中，也有类似的一段话："把别人的感觉和观念与自己的感觉和观念置于相同的位置，并把它表现出来，这样谈话的气氛就会融洽起来。当你在听别人谈话时，要根据对方的意思来准备自己将要说的话，那样，由于你已理解和认同了他的观点，他也就会理解和认同你的观点。"

卡耐基租用了某家饭店的大礼堂讲课。

有一天，他突然接到通知，租金要增加三倍。卡耐基去与经理交涉。他说："我接到通知时有点震惊，不过这不能怪你。如果我是你，我也会那样做。因为你是饭店的经理，你的职责是尽可能使饭店获利。"

紧接着，卡耐基为他算了一笔账："将礼堂用于办舞会、晚会，当然会获大利。但你撵走了我，也等于撵走了成千上万有文化的中层管理人员，能使他们经常光顾贵饭店，是你花五千美元也买不到的活广告。怎样做才更有利呢？"

经过一番思考，经理取消了增加租金的要求。

饭店经理之所以能够答应卡耐基租用他们饭店的请求，在于卡耐基完全站到对方的立场上来阐述自己的观点：从经理的角度算了一笔账，抓住经理的诉求：盈利。从而最终成功地使经理心甘情愿地把天平的砝码加到卡耐基这边。

哈佛商学院特哈姆说："在与人谈话前，我情愿用两个小时的时间在他的办公室前的人行道上散步，而不愿在还没有清晰的想法，不知该如何说，并且不了解对方，没有充分准备答案的情况下，直接去他的办公室。"

如果你永远都能按照对方的观点去想，从他人的立场看待事情，这就足够成为你一生中一个新的里程碑。

认识别人，被别人认识，认识自己，用一颗真诚的心将三者统一。

把自己当成别人，关键在于认识自己，弄懂了这个意思，也许不需要华丽的语言，你的话语便会充满魅力。

人生需要经营，只有着意经营，人生的航船才会沿着正确的航道不会偏离。人生更需要创意，只有着意创意，我们的人生才会丰富多彩，五彩斑斓。

在人生的道路上，如果每个人都能在守好自己本位的同时，让自己的思维转个弯，多站在对方的角度去考虑问题，去表达自己的观点、建议或意见，多给予他人一分关心和理解，那么，快乐和希望就会像阳光一样照亮和温暖我们的生活。人生的道路从来不是平坦宽阔的，如果我们在工作学习和

第八章　创意无限：换一个角度表达，让生活精彩不停

生活中，在与人交流时能保持将心比心的立场，相信我们的人生道路就会一片光明。将心比心，要遵循的原则是"广结善缘，断诸恶缘，自净其意，付诸行动"。相信人心换人心，世间有真情，相信心与心的感应，更相信播种什么就收获什么。愿人心永远向着太阳！

下 篇
妙用心理学，增强说话的分量和力量

　　口才大师卡耐基指出："我们每说一句话，都应显示出其说话的价值与力量。没有力量的话就是没有价值的话，等于没说一样。"说话是这个世界上最简单，同时也是最难的一件事，会说话的人，只言片语也能打动别人；不会说话的人，滔滔不绝却打动不了任何人。本书下篇从实战情景入手，针对尴尬局面、宴会应酬、求人办事等诸多场合一一解析，教会读者最能打动人心的沟通技巧，从而借助增强语言的分量和力量来打开成功人生的通道。

沟通心理学

临危不乱，机智妙语摆脱尴尬局面

在日常交际中，人们常常因对某一个问题各执一端而争论不休，因一句不恰当的话而冷场，或因突发状况而形成难堪情境等。各种原因都会造成僵持的局面，难以缓和的气氛横亘在交流双方之间，整个场面就如同冰山一般冷掉了。这时，作为当事人或者局外人，该怎样尽快化解尴尬的气氛，使沟通得以正常地进行下去呢？接下来，就让我们一起来看看吧。

巧用妙语解开内心"小疙瘩"，让当事人转忧为喜

生活中难免发生一些猝不及防的意外事情，这会让当事人遭遇尴尬或不快，甚至引发了不必要的麻烦，轻则令人恼火，重则在心里结下疙瘩。在这时，如果利用突发事件与语言之间的玄妙之处进行机智地解答，就会使当事人转忧为喜，也会使紧张的气氛得到缓解。峰回路转，只需三言两语就打破了僵局，通过语言影响他人心理，为大家营造愉快的气氛。

有一次，十多年没见的老同学聚会。因为大家都是很要好的朋友，所以说起话来便直来直去。

其中一个名叫子辰的男同学打趣地问一个女同学婧婧说："听说你的先生是位大领导，什么时候请我们到大酒店吃一顿啊？"他的话刚说完，婧婧就有点不安起来。原来婧婧的丈夫前不久因发生意外去世了，但子辰并不知道，因此玩笑开得过了一点。子辰旁边坐的浩浩，暗示他不要说了，谁知他非要说，浩浩只得告诉他真实的情况，子辰可谓无地自容，尴尬异常。

不过，子辰迅速回过神，他先是在自己脸上打了一下，之后便调侃说："你看我这嘴，十几年过去了，还和当学生时一样没有把门，不知高低深浅，只知道胡说八道。该打嘴！该打嘴！"

女同学见状，虽有说不出的苦涩，但仍大度地原谅了子辰的唐突——毕竟是老同学了。于是，婧婧苦笑着说："不知者不为怪，事情已经过去了，现在可以不提它了。"子辰便忙转换话题，从尴尬中解脱了出来。

心理学家们通过研究发现，每个人都有着自己特殊的"敏感区"，这个敏感区域包括个人的隐私过错以及自尊和做事底线等。每个人都不愿意在别人面前过多地暴露出个人的隐私或者以前的错误，更不愿意让个人的尊严受

到别人的伤害。因此，我们在与他人沟通交流的时候，一定要注意不要触及对方的敏感区，更不要让对方觉得受到了侮辱。哪怕是为了改正别人的缺点而进行必要的劝说，也要注意正确的方式和方法，唯此，才能增强说话的力量与分量，也让对方易于接受。

然而，很多时候，我们总是会陷入这样的尴尬境地：不小心触及了他人敏感区，进退两难。遇到这种情况时，该怎么办呢？

卡耐基认为，任何语言都有弥补过错的机会，只要你方法适当，你就可以把以前的过失弥补回来。

在这里，弥补语言的过程就是一门艺术。在尴尬的境遇中，如果能调整心态，急中生智，巧用自我调侃来冲淡它，借此弥补自身的错误，可以收到良好的效果，从而化解你和他人的紧张气氛。如果能使人发笑，人们渐渐地也就会将刚才的尴尬场面忘掉，气氛也会慢慢恢复正常，同时，还能为自己找到一个台阶下。就像故事中的子辰，用调侃自己的方式，既打破了场面上的尴尬，同时也算是委婉地向对方说出了自己真诚的歉意，对方自然不会继续苛责下去，相反还会被这种"赎罪"式的自我调侃所打动，一笑置之。

在日常的沟通交流中，大家不妨试试以下几个方法打破僵局。

1.逆向思维

面对突如其来的尴尬局面，当事人无可奈何的时候，我们可以跳出固定思维，从问题、事情的反面去思考，做出让双方都满意的解释，打破本来僵持的局面。

2.强调问题的合理性

有时候对方可能是因为在特定的场合作出了不合时宜、不合情理的举动，这令旁人看起来很费解，导致了整个局面的僵持，这时候我们就需要自己找一个角度或借口，强调对方行为的合理性，这样就能打破僵局，创造轻松的交往气氛。

3.幽默解说

在交际场合，过于严肃和枯燥的气氛往往不被人们所接受，这时候就需要用幽默的语言把它变得灵活些、有趣些；有时候，一个敏感的问题就使整个场面僵掉了，甚至妨碍了正常沟通活动的进行，这时候就可以通过幽默的解说将问题诙谐化解，打破僵局，使交际得以顺利进行。

巧妙打圆场，替他人挡掉小尴尬

鲁迅先生曾说："面子是中国人的精神纲领，只要抓住这个，就像拔住了辫子一样，全身都跟着走动了。"

看来中国人对面子素来有着过分的追求，那么，究竟"面子"到底是什么呢？从根本上来讲，面子不是别的，其实就是角色期待，特别是自我角色期待的满足。

在与他人沟通交流的时候，"面子"显得尤为重要。人们处处怕失了面子，这也是中国人的普遍心理。

然而，面子难免会有"保不住"的时候。比如，在处理人际关系的时候，我们的朋友或爱人会因经验或能力的欠缺而面临尴尬的局面：或与客户争吵，或被领导批评，或被同级嘲笑，或遭亲朋好友盘问……此时，他都希望能保住面子，保持尊严。此时，如果我们能巧妙地打圆场，帮对方找到一个台阶，从而让他摆脱难堪的局面，那么，对方一定会从心底感激我们。

晴晴和小丁结婚好几年了，一直没有怀上孩子。不得已，两人去医院全面检查了一下身体，原来是由于小丁的身体出现了一些问题，需要治疗一段时间。

然而，他们不可避免地要面对家人朋友的盘问："什么时候生孩子啊？""年纪也老大不小了，该生了。"这些问题让小丁很尴尬，不可能挨个解释是他身体出了问题，况且这也是极隐私的问题，小丁可不想让自己成为别人闲聊时的八卦。

终于，晴晴想出了一个主意。每当身边的亲戚朋友问起生孩子一事的时候，晴晴就会笑着说："我现在不敢辞职，怕回家生孩子丢掉工作，再等等，跟陈慧琳、李嘉欣她们比，我还年轻着呢。"晴晴轻松的态度，让别人不再老是询问，也让小丁松了口气，很愿意配合治疗。

次年八月，晴晴和小丁终于造人成功。如今小两口的生活更甜蜜，有种苦尽甘来的喜悦。

故事中晴晴真正体会小丁内心的尴尬与不安，于是借口自己工作忙不开身，从而帮丈夫小丁挡掉"身体有病而无法生子"这一小尴尬，不但巧妙挽回了丈夫的面子，保护了对方的尊严，还进一步增进了夫妻之间的感情，可谓一举两得。

交际中遇到尴尬的场面时，做到审时度势，准确把握双方的心理，然后运用说话技巧，借助恰到好处的话语及时出面打圆场，化解尴尬，维护交际活动的正常进行，就显得十分重要和宝贵，也确实是十分必要和值得重视的。

一次，林肯的一位朋友特地从俄亥俄州来拜访他，可是林肯正打算去一个军营视察。朋友远道而来，不好推脱；因为士兵训话，是他早已安排好的工作，必须要完成。

于是，林肯请这位朋友跟他一起外出，他们坐了很久的车，才到达那批士兵驻扎的军营。当他们走到士兵旁边的时候，士兵们热烈地欢呼了起来。

通常情况下，林肯的朋友应该选择避让才是，但是他却没有意识到。因为事情仓促，林肯事先也没有想起要告诉他的朋友在训话的时候避让。

正当林肯准备开始对士兵们训话时，军队的另一位军官走到林肯的朋友跟前小声提醒他，这个时候他应该后退。林肯的朋友听后突然醒悟，面色显得很苍白，非常尴尬。

站在一旁的林肯看出了朋友的窘迫，小声对他的朋友说："你确定是你应该退下吗？可能这群士兵根本不知道我们两个谁是总统呢！"

林肯的这两句话一下就把朋友的尴尬给消除了。

即使出现错误的不是你，但在十分窘迫的情况下，你说出的一句照顾对方的自尊心的言语不仅会扭转整个不利局面，化解他人的尴尬，还会使你的魅力得到提升。

🏫 四两拨千斤：避免无谓的争执

人际间的交往总是纷繁复杂的，什么样的情况都可能发生，总有一些无聊的人时时地翕动着他那张无聊的嘴，向公众发起挑战，给人们正常的社交生活制造各种困难。作为一个在社会中行走的人，无论对方的言谈多么令你反感，你也应该努力保持自己的良好交际形象。要记住，巧妙地利用一些技巧，为自己轻松解围，化解矛盾争执，才是聪明的选择。

美国有位总统马辛利，因为用人问题，遭到一些人强烈反对。在一次国会会议上，有位议员当面粗野地讥骂他。他极力忍耐，没有发作。等对方骂完了，他才用温和的口吻道："你现在怒气应该平和了吧，照理你是没有权利这样责问我的，但现在我仍然愿详细解释给你听……"

马辛利的这种让人姿态，使那位议员羞红了脸，矛盾立即缓和下来。

人与人之间若都能够心平气和、友好地进行语言沟通，那将是一件无上的美事。但并非事事尽如人意，有些人就十分热衷于抬杠、找碴儿，在口舌的较量间体验胜利的乐趣，却破坏了原本美好的心情。面对这样的人，我们多半都会觉得怒上心头。但是，轻易地发怒会让人失态，说气话也只会让自己蒙羞，而且，这样的方式并不见得能够解决争执，反而会将它引至更加激烈的境地。

试想，如果马辛利利用自己的职位和得理的优势，咄咄逼人进行反击的话，那对方绝不会服气的。聪明的人总是会像马辛利一样，懂得控制自己的情绪，在恰当的时机，用机智的语言化解争执，而不让坏情绪成为自己的致命伤。这种四两拨千斤的做法往往能够让对方在哑口无言中承受致命一击，从而轻巧取胜。

因此，当面对别人无礼的挑衅时，为了不让自己成为易怒的疯子，我们应该学会控制自己的情绪，不仅仅是愤怒，一切冲动的情绪都要得到控制；无论是企业家、外交官、政治家还是普通的老百姓，能够掌握一点四两拨千斤的说话技巧，都可以避免很多无谓的争执，给自己的工作和生活带来便利。

在这里，我们再简单为大家介绍几种避免争论演化为无谓的争执的方法。

1.出其不意法

出其不意法是使用范围最广的摆脱尴尬的方法，总的要求是必须做到出乎对方意料，并且能快速地对相应事件进行处理。

在美国第35任总统候选人的提名过程中，众议院发言人萨姆·雷伯恩攻击肯尼迪是乳臭未干的几个民主党领导人之一。众所周知，肯尼迪的年龄是他竞选过程中非常不利的条件，因为他太年轻了。

面对萨姆·雷伯恩的攻击，肯尼迪并没有慌乱，而是机敏地说："萨姆·雷伯恩可能认为我年轻。不过对于一位已是78岁的人来说，他眼中的大部分人都很年轻。"

哈里·杜鲁门在一起全国性演讲中也就这一点向肯尼迪发出了挑战。对此，肯尼迪说："如果年龄一直被认为是一个标准的话，美国将放弃对44岁以下所有人的信任。这种排斥可能阻止杰斐逊起草《独立宣言》、华盛顿指挥独立战争中的美国军队、麦迪逊成为起草宪法的先驱、哥伦布去发现新大陆。"

面对突如其来的诘难，肯尼迪以迅雷不及掩耳之势，给予对方有力的回击，从而巧妙地让对方闭嘴，从而摆脱了尴尬境遇，同时也避免了接下来可能还会发生的的责难。

2.装作不知道

装作不知道，简单来说就是装聋作哑，装糊涂。清代的纪晓岚一生混迹官场，悟得一道理，人与人之间交往，有时候要难得糊涂！人们之所以会发生诸多难堪的场面，如冷场等。大多数都是起于人之口，说话不在于传递什么样的信息而是通过打击、转移对方的话，以致使对方无法继续说而达到窘迫的场面。而装作不知道，好处就是装着没听到，更多的时候是装着没听清楚，以此来避实就虚，躲其锋芒，以求得安全。

3.以软制硬

有些时候，就算彼此熟悉的朋友之间也会发生争得面红耳赤的情况，虽然俗话说"锣不打不响，理不辩不明"，但是有时候无谓的辩解总会带来争吵。不仅不能解决问题，而且还会导致两败俱伤的结果。所以这时候，就要采取一种以柔克刚，以软制硬的策略了。老子说："天下之至柔，驰骋于天下之至坚。"可以采取一种无为的态度对待，看对方的要求是否超出你自身承受的范围内，不能牺牲太多去换取对方欢心，也不能让对方牺牲很多，来获得一种满足。坚持一个度，可进可退，可攻可守！

4.转移对方的注意力

当人们因固执己见而争执不休时，造成僵局难以缓和的原因往往已不是双方的看法本身，而是彼此的好胜心和较劲心理在作怪。

因此，如果属非原则性的争论，双方各执己见，而这场争论又没有必要再继续下去。这时，不妨岔开话题，转移对方的注意力。

照顾对方的自尊心，找到融洽气氛的契机

我们不可能乞求有一种完美、和谐、符合逻辑的人际关系的存在。现实中，每个人都会经常遇到一些无法料到的困境，比如谣言、被冒犯等。明智的做法就是不必太较真，因为你越是在公开场合为自己辩解，人们就会越相信那些谣言，结果越抹越黑。有许多很有才气的人，都是被恶意的指控所陷害，又拼命去解释，结果是跳进黄河也无法洗清了。

所以，永远不要在所有问题上都钻牛角尖，即使赢得了一场争斗又怎么样呢？相信一定不会有人因为你的胜利而对你的口才和学识大加赞赏。相反，只会让别人觉得你是一个不懂人情世故的人，引起别人的反感。

而如果你能懂得照顾对方的自尊心，不在小事上与其僵持不下，那才是处世圆滑的做法。

玲玲是一家物流公司的仓库管理员，工作很简单，只要记录好收货与发货的数量，与押车员协商提货事宜即可，平时比较清闲，因为长时间在仓库工作，所以与同事沟通的也比较少，没事的时候就看看书。

这天，公司同事业务员小周急急忙忙地来到仓库，说有一批货，客户很着急，现在必须发出去，让玲玲赶紧开出货单。但是开出货单必须要有领货单以及主管的签字才可以，而小周只有领货单却没有主管的签字。所以玲玲拒绝了。

小周解释道："主管去外地出差了，刚打电话说过了，让赶紧出货，客户很着急。"

玲玲说："那不行，你跟主管说过了，而我没有接到主管的通知，要不你再给主管打个电话。"

本来小周给主管打个电话事情就可以解决，可是他觉得一个仓管员都这样为难自己，而且他之前给主管打过电话了，心里觉得不服气，所以与玲玲扛上了，不打电话非要领货。

就这样，两人吵了起来，甚至差一点动起来手。最终在其他同事的调解下，给主管打了电话，将事情解决。

当一个人太过于计较，伤害到别人的自尊心时，自己也会被别人捉弄，而引起彼此之间的矛盾。所以，聪明人会尽量不去钻"牛角尖"。我们一定要记住，不要总是"较真"，特别是在一些无关紧要的小事上应尽量睁一只眼、闭一只眼。因为处处给别人留足面子，给别人一个台阶下，就等于给了自己一个世界。

凡事都有诀窍，找到融洽气氛的契机也有一定的学问。除了当事人要懂得照顾对方的自尊心，拥有不为小事儿斤斤计较的气量外，当争执还是不可避免地出现了时，作为第三方的"和事佬"该如何通过良好的沟通来缓解当事人之间的矛盾呢？有以下几点可供大家参考。

1.说明真情，引导自省

当双方为某件小事争论不休，各说一套，互不相让时，"和事佬"无论

第九章　临危不乱，机智妙语摆脱尴尬局面

对哪一方进行褒贬过分的表态，都犹如火上浇油，甚至会引火烧身，不利于争端的平息。因此"和事佬"此时只能比较客观地将事情的真相说明清楚，而不加任何评论，让双方消除误会，从事实中反省自己的缺点或错误，引导他们各自多作自我批评，使矛盾得到解决，达到团结的目的。

2.归纳精华，公正评价

假如争论的问题存在较大的异议而双方又都有偏颇，眼看观点越来越接近，但由于自尊心，双方又都不肯服输，那么"和事佬"应考虑双方的面子，将双方见解的精华归纳出来，也将双方观点的糟粕整理出来，作出公正评论，阐述较为全面的双方都能接受的意见。这样，就把争论引导到理论的探讨、观点的统一起来了。但不能"各打五十大板"。因为，所谓"各打五十大板"是不分青红皂白、是非曲直的，那样乱批一气不利于解决问题，因此不可取。

3.调虎离山，暂熄"战火"

有的争论，发展下去就成了争吵，甚至大动干戈，如果双方火气正旺，大有剑拔弩张、一触即发之势，"和事佬"即可当机立断，借口有什么急事（如有人找，或有急电），把其中一人调走支开，让他暂时脱离争论，等他们消了火气，头脑冷静下来了，争端也就趋于平息了。

假如你想让两个过去抱有成见的人消除前嫌；假如你的亲人突然遇到过去关系很坏的人而你又在场；假如你作为随从人员参加的某个谈判暂处僵局……作为第三者，你应首先联络双方的感情，努力寻找双方心理上的共同点或共同感兴趣的问题。一幅名画，一张照片，一盘棋，一个故事，一则笑话，一句谚语，一段相同或相似的经历，乃至一杯酒、一支烟都可能成为双方感兴趣的话题，都可以成为融洽气氛、打破僵局的契机。

第十章

摸准窍门，求人办事也需洞悉人心

要想办成事，把我们所说的话的价值发挥到
最大，就要学会善于运用洞悉人心的力量。找对
路子，摸准窍门，打动对方，如此，才能使事情
顺理成章地达成。

以情感人，"真心话"最能调动对方的同情心

人的一生之中，总会遇到这样那样的磕绊超出我们自身的能力范围，因此，不求人办事是不可能的。既然有求于人，就难免在别人面前自觉低人一等，少不了看人脸色，讨好别人。而更倒霉的可能是事办不成，碰个软钉子还算不错；如果碰个硬钉子，碰了一鼻子灰，甚至鼻青脸肿，那就更惨了。

求人办事虽然是谁也不喜欢的事，但在人生中，不求人又几乎不可能。有时即使是刀山火海，该求人时还得硬着头皮去求。在求人办事的时候，如果能够掌握一些方式方法，或许能够帮你不少忙呢。

"以情感人"不失为是一种很好的求人办事的策略。所谓"以情感人"，是指在求人办事时要用真情感动对方，激发对方的同情之心，对方受到你的感染，就会主动帮助你。

大多数人都具有同情心，即使铁石心肠的人也不例外。同情能够增进别人对你的理解，因此求人办事不妨"利用"一下别人的同情心。

一家公司想解雇一个领班。在过去的几个月当中，人事部经理与这位领班约谈了4次，但每次经理都会听到领班谈起家里如何艰难、自己身世如何悲惨……领班每每说到伤心处不禁潸然泪下。也许他有演戏的成分，但是对这位人事经理已经达到了绝佳的效果。每次人事经理都对公司领导者说："如果必须开除他，你们自己去说吧，我办不到。"就这样，领班一直在那家公司做了下去。

这位领班在"鱿鱼"饭局上向经理诉说自己的痛苦，引发经理的深切同情，经理也不好意思提开除他的事了。

懂得一些沟通的方式方法，办起事来就畅行无阻。在这个世界上，最

能打动人的就是"情"，自然，最有效的沟通就是带着感情说话了。在日常生活中，要想得到别人的帮助，可以让对方对你的行为和经历表示同情和怜悯，并由此生出好感，这样总有一天会攻克对方心中的堡垒，让他作出妥协，答应为你办事。当你向别人讲述你自己的遭遇的时候，不妨用你凄怆的神情和眼泪来博得对方的同情，让对方的感情之水随着你的感情一起波动，这样就会促使对方伸出热情之手，帮助你把事情办成。

　　宋朝太宗年间，将军曹翰因罪被罚到汝州。他并不甘心就此失前程，于是苦思返京之策。一天，宫里派了一位使者到汝州办事，曹翰决定抓住这个机会让太宗回心转意。

　　他想办法请使者吃饭，席间他流着泪说："我的罪恶深重，就算是死也难以赎清，真不知该如何报答皇上的不杀之恩。现在只想在这里真心悔过，来日有机会一定誓死报效朝廷。我在这里服罪尚可勉强度日，只是可怜那一家老小，衣食没有着落。我这里有几件衣服，请您帮抵押换些银两，交给我家里人换点粮食，好使一家老小暂且糊口。"

　　说到伤心之处，曹翰越发泪流不止。

　　使者深受感动，回到宫中如实向太宗做了汇报。太宗打开包袱看，里面原来是一幅画，画题为《下江南图》，画的是当年曹翰奉太祖旨意，任先锋攻南唐的情景。

　　太宗看到此图，想起曹翰当年浴血奋战、拼死杀敌的场景，心十分难过，怜悯之情油然而生，于是决定把曹翰召回京城。

　　求人办事时，要想把事情办成，必须在人之常情上下功夫，必把自己所面临的困难说得合情合理，令人痛心和惋惜。曹翰正是抓这点，调动对方的同情心，彼此之间在感情上靠近了，从而为后来太宗重新将他召回京城奠定了基础。

　　充满感情的话语是最能打动人心的，如果你能够有感情地提出自己的诉求，真切动人，对方多少都会因同情而接受你的请求的。

第十章　摸准窍门，求人办事也需洞悉人心

137

"言为心声"，口才最重要的是要以情感人，没有情就等于人没有生命。从表面上看，口才不过是用嘴巴去叙述，而实际上，是用心、用情去和听众进行交流。

用"以情感人"的方法求人办事的过程中，有以下几点还需大家注意。

1.铺路搭桥

求人办事之前，要力争替人办些事。办不了大事，办小事，办不了小事，出点力、尽点心。对方有老人，你去看一看，陪人说说话，帮人搞搞卫生；对方有婚丧嫁娶之事，你给人跑跑腿，张罗张罗，多出力，少说话。关系搞好了，处好了，求人办事才好开口。

2.选择最佳路线和方法

一定要摸清情况，找准能帮助你的人。你要办的事，你的朋友可能帮不上忙，但你的朋友的朋友能，这时你可以绕道而行，曲线救国——通过你朋友的朋友来办。所以有事需求人办的时候，要多想想路子，探好办事的途径，找对办事的人。你的关系网，朋友的关系网，朋友的朋友的关系网，都可以成为你办事的人际网。

3.要理解别人

每个人都有自己的难处，您如果能分担、理解这种难处，就不会感到求人办事太难。当今社会求人办事，毕竟不是一件容易的事。你求的人，如果是直接管事的，而且自己说了算，可能还好办些，如果他也得找人，或通过好几人的手才能办成，那办起事来就有一定的难度了。所以，事情不一定你一求对方，对方就能给你办成。所以一次不行，你就求两次，两次不行，你就求三次，好事多磨，事在人为。但要注意方法，不能让对方生厌，说话更要小心谨慎。

4.曲线救国，情感投资

求人办事，毕竟在给人增添麻烦，所以要懂得感激，懂得报答。周六、周日，对方方便的时候，请人吃顿饭，喝点小酒，吃点小菜，聊点小天，既能提醒对方抓紧时间办事，又能拉近关系，增进感情，表达自己的感激之情。求人办事，这种感情的投入是不能少的。

从"闲谈"开始，攻克对方的心理堡垒

求人办事时，一开始不必要直接进入正题，最好是从"闲谈"开始，既能缓解带来的尴尬氛围，又让彼此之间内心觉得亲切自然，缩彼此之间的距离。在确保攻克对方的心理堡垒之后，再引入主题，提升求人办事的成功率。

有些人就是不喜欢"闲谈"，觉得"今天天气×××"和"吃过饭了吗"这一类的话，没什么意思，不喜欢谈，也不屑于谈，其实这一类看来好像没有意义的话，却起着很重要的心理作用。它是求人办事时交谈的心理准备工作，就像在踢足球之前，蹦蹦跳跳，伸手伸脚，做一些柔软体操或热身运动一样。

由"闲谈"开始能使大家内心轻松一点，熟悉一点，造成一种有利于交谈的气氛。当双方沟通开始的时候，我们不妨谈谈天气，而天气几乎是中外人士最常用的普遍的话题。天气对于人生活的影响太密切了！天气很好，不妨同声赞美；天气太热，也不妨交换一下彼此的内心苦恼；如果有什么台风、暴雨或是季节性流行病的消息，更值得拿出来谈谈，因为那是人人都关注的。

如何开始交谈，尤其是当我们要面对各式各样的场合，面对各式各样的人物，要能做得恰到好处，实在不是一件容易的事。倘若开始沟通的方式不恰当，就不能继续发展之间的交往，而且还会使得对方内心感到不快，给对方心里留下不好的印象。自然，亲切有礼、言辞得体是最重要的。然而做到这一点，也不能说就一定会收到良好的心理效果。

因此，平时除了自己所最关心、最感兴趣的问题之外，还要多储备一些和别人"闲谈"的资料。这些资料往往应轻松、有趣，容易引起别人的内心注意，列举如下。

1.自己闹过的一些无伤大雅的笑话

例如，买东西上当啦，语言上的误会啦，或是办事摆了个乌龙啦……这一类的笑话，多数人都爱听。如果把别人闹的笑话拿来讲，固然也可以得到同样的效果，但对于那个闹笑话的人，就未免有点不敬。讲自己闹过的笑话，开开自己的玩笑，除去能够博人一笑之外，还会使人从心底觉得自己很容易接近，很亲近，让气氛轻松起来。

2.惊险故事

通过一些故事打动对方，特别是自己或朋友的亲身经历的惊险故事，最能引起别人的注意。人们的生活常常不是一帆风顺的，每天大家照常吃饭，照常睡觉，可是忽然大祸临头了，或是被迫到一个很远的地方，路上可能遭遇到很多危险……怎样应付这些不平常的局面，怎样机智地或是幸运地在间不容发的时候死里逃生，都是一个人内心永远不会漠视的题材。

3.健康与医药，也是人人都有兴趣的话题

谈谈新发明的药品，介绍著名的医生，对流行病的医疗护理，自己或亲友养病的经验，怎样可以延年益寿，怎样可以增加体重，怎样可以减肥……这一类的话题，不但能吸引人的注意力，而且对人有很大的好处。特别遇到对方自己或家人健康有问题的时候，假如能向他提供有价值的意见，那他内心更是会非常感激的，事实上，接受了我们的帮助，自然也就会为我们提供帮助，帮我们办成事。

4.家庭问题

关于每个家庭里需要知道的各方面的知识，例如，儿童教育、购物经验、夫妇之间怎样相处、亲友之间的交际应酬、家庭布置……这一切，也会使多数人发生兴趣，特别对于家庭主妇们。

5.运动与娱乐

夏天谈游泳，冬天谈溜冰，其他如足球、羽毛球、篮球、乒乓球，都能引起人们内心普遍的兴趣。娱乐方面像盆栽、集邮、钓鱼、听唱片、看戏，什么地方可以吃到著名的食品，怎样安排假期的活动……这些都是很多人饶有兴趣的话题。特别是有世界著名的音乐家、足球队前来表演的时候，或是

有特别卖座的好戏、好影片上演的时候，这些更是热闹的闲谈资料。

6.轰动一时的社会新闻也是热闹的闲谈资料

假使有一些特有的新闻或特殊的意见和看法，那足够可以从心里把对方吸引，从而对我们刮目相看，赢取他的内心好感乐于为我们办事。

7.政治和宗教

这两方面的问题，倘若遇到的人，大家在政治上的见解颇为接近或是具有共同的宗教信仰，那这方面的话题就变成最生动、最热烈、最引人入胜的了。

8.笑话

当然，人人都喜欢笑话，假如构思了大量各式各样笑话，而又富有说笑话经验的话，那恐怕把对方逗乐便不再是问题了，一笑就把所有的尴尬与不轻松都洗去了。

找到理想的"突破口"，对方才乐于替你"分忧解难"

求人办事时，并不是总在熟人间进行，有时甚至要闯入陌生人的领地。当进入一个陌生的家庭、环境中时，要想通过恰当的沟通来迅速打开局面，首先要寻找理想的"突破口"。有了"突破口"，便可以以点带面或由此及彼地发挥开来，从而实现让对方在感情上接受你的效果。老人、小孩从心理接近难易程度上来说是属于比较容易接近的，也喜欢你接近，融洽全家气氛，这样就能达到水到渠成的"套近乎"的目的，让自己成功办成事。

人常说：要讨母亲的欢心，莫过于赞扬她的孩子。会说话的高手都善于利用孩子在求人办事过程中充当心理沟通的媒介，一桩看似希望渺茫的事，经过孩子的起承转合，反倒迎刃而解。

求人办事就是要善于去找突破口，直接提出要求未免太生硬，冷不丁让他人内心觉得目的过于直接而无法接受。而如若找到对方的心理软肋，找到对方容易放下防备的心理突破口，就为自己求人办事成功做好了铺垫。

每个人身上都会有自己的心理弱点或者说是喜好，那这就是最好的突破口。找到了心理突破口，会让对方感受到我们内心的诚意，建立彼此之间的共同话题，能更好的缓和气氛，让对方在比较轻松而又愉快的沟通氛围中达成我们的要求。以下是几点建议。

1.懂得营造气氛

求人办事，要想让对方痛痛快快答应，营造一种融洽的气氛十分重要。在友好亲密的气氛下，被求的人会在感情同化中答应你的请求，替你分忧解愁。

例如有人为自己女儿安排工作时因一点小问题总也落实不下来，他知道有一个同事和可办成此事的掌权者是老同学，如让他出马事情便能顺利一些。但是，他和这个同事关系很一般，要说这件事，他怕对方回绝；要不找对方，女儿的工作问题还会再耽搁下去。于是他便有意识和这个同事接近。这个同事和他有一个共同的爱好——下棋，他先不跟同事谈女儿的工作的事，而是先在一起共同探讨棋艺。在一次下棋两人都十分开心的氛围中，他才向同事提起女儿工作受阻的事，同事一口答应他跟老同学说一下。后来事情很快就办妥了。

2.要礼貌客气

一般人际交往，即使不求人，都要客客气气、待人以礼。如果有求于人，就更应该多些礼貌，这样对方才能对你所求给予考虑，求人如果不懂得讲究礼貌，对方即使有能力帮你的忙，也会因为你的自以为是拒绝替你分忧解愁。

例如某单位领导让一个下属给他办身份证，下属的妻子就是管办身份证的。按理说，应该没有什么问题，但领导说过几次，这个下属一直不提这件事。领导很纳闷，便问其他人。其中一个问领导是怎样跟下属说的。领导说："这有啥难说的，我就是直接对他说，回去给你爱人说给我办个身份证。"

听的人说："这就难怪他不给你办了。听你这口气好像是命令对方，他虽然是你的下属，但并没有义务给你办这件事。而你用这种口气求他，自然对方也有不答应你的自由了。"领导一想，的确有道理，于是改变态度，笑脸相求，终于如愿以偿。

3.不可意气用事

求人办事，要考虑到对方是否能办得到。有些事你觉得对方办不成，实际上未必。如果对方诚心诚意向你表示他爱莫能助，也不能强求他非给你办成不可。就是对方能办到而不愿帮忙，也不能因他不帮忙就给人难堪。对方不愿帮忙就有不愿帮忙的理由，求人者就应该多些自知之明，另想办法。如果对方有顾虑，就应给他充分的考虑时间，千万不能因对方一时没有答应便意气用事，强人所难。

小王知老同学小张的亲戚在政府部门掌权，他便找小张，希望能通过小张的亲戚把他从乡下调到城里。小张见老同学相求，虽十分犹豫，但还是答应了。当小张问过他的亲戚后，对方说他无法办到，小张便向小王说明情况。但小王却认为小张不给他办事，立即拉下了脸说："你还能干什么，这么一件小事你都不帮忙。"说罢便转身走人，弄得小张心里很不是滋味。

本来，小张准备说完这件事后，还想说有另一个和他关系不错的人，说不定能办成这件事。但看小王是那种态度，他也不敢再说这层关系了。他怕如果再办不成，不知小王会怎样对待他呢。

小王的这种意气用事的做法，是求人办事时最为忌讳的。求人办事，就是再好的朋友也不能强人所难，意气用事。因为毕竟是你在有求于别人，只有心平气和、用商量的口气去与对方沟通交流，才有望取得成功；强人所难、意气用事，吃亏的只能是自己。

📖 话不在多，入心最暖

求人办事尤其是场面上当对方对我们还有一定心理距离感的时候，要想让他人心甘情愿地替我们办事，一味靠夸夸其谈不一定能解决问题，重要的是摸清对方底细，对症下药，话不必多，一定要说到点子上，说到对方的心坎上。

说得过多，未免啰唆，让人产生怀疑，有费力为自己谋利之嫌，从而影响了沟通活动的深入展开。只有把话说到点子上，让他人从心里佩服我们的独到眼界，才会从心底对我们心存敬意，也才会心甘情愿地为我们办事。

晚清红顶商人胡雪岩在办事说话时可以说深得其中真味。

自从胡雪岩的靠山王有龄上任"海运局"坐办后，抚台交托王有龄去上海买商米来代垫漕米，以期早日完成浙粮京运的任务。漕米运达的速度，与江南诸省地方官的前途关系甚大。至于买商米的银款，由胡雪岩出面，到他原来的钱庄去争取垫拨。在松江，胡雪岩听到他们的一位朋友说，松江漕帮已有十几万石米想脱价求现，于是他充舟登岸，进一步打听这一帮的情形，了解到松江漕帮中现管事的姓魏，人称"魏老五"。

胡雪岩知道这宗生意不容易做，但一旦做成，浙江粮米交运的任务随即就可以完成，可减免许多麻烦。所以他决定亲自上门谒见魏老爷子。

胡雪岩在他的两位朋友刘领导和王领导的带领下，来到了魏家。时值魏老爷子未在家，家中只有他的老母亲。魏老爷子的母亲请胡雪岩等三人客厅候茶。

只见到魏老爷子的母亲，刘、王两位领导颇觉失望。而胡雪岩经过细心观察，发现这位老妇人慈祥中透出一股英气，颇有女中豪杰的味道，便猜定她必定对魏当家的有着很深的影响力。于是，胡雪岩心下暗想，要想说动姓魏的，就全都着落在说服这位老妇人身上了。

胡雪岩以后辈之礼谒见，魏老太太微微点头用谦逊中带着傲慢的语气请三人喝茶，一双锐利的眼光也直射胡雪岩。当三人品了一口茶之后，魏老太太开门见山地问道："不知三位远道而来，有何见教？"

胡雪岩很谦卑地说道："我知道魏当家的名气在上海这一带是响当当的，无人不晓，这次路过，有幸拜访。想请魏大哥和晚辈小饮几杯，以结交结交友情。"寒暄过后，在魏老太太的要求下，胡雪岩也不便再拐弯抹角了，便把这次的来意向她直说了。

听完胡雪岩的话后，魏老太太缓缓地闭上眼睛。胡雪岩感觉到整个房间的空气似乎凝固了，时间过得很慢。良久，魏老太太又缓缓地睁开眼睛，紧紧地凝视着胡雪岩说道："胡领导，你知不知道，这样做是砸我们漕帮弟兄的饭碗吗？至于在裕丰买米的事，虽然我少于出门，但也略知一二，胡领导有钱买米，若裕丰不肯卖，道理可讲不通，这点江湖道义我还是要出来维持的。倘若只是垫一垫，于胡领导无益可得，对于做生意的，那可就不明所以然了。"

听了魏老太太的话，胡雪岩并没有灰心，相反却更加胸有成竹地大声说道："老前辈，我打开天窗说亮话。如今战事迫急，这浙米京运可就被朝廷盯得紧了，如若误期，朝廷追究下来不但我等难脱罪责，我想漕帮也难辞其咎吧！为漕帮弟兄想想，若误在河运，追究下来，全帮弟兄休戚相关，很有可能被扣上通匪的嫌疑，魏老前辈可对得起全帮弟兄？"

这句软中带硬的话正好击中魏太太的要害之处，使得魏老太太不得不仔细思量，终于答应了胡雪岩的要求。胡雪岩再三强调其中的道理，魏老太太听完之后，终于心中暗肯，于是吩咐手下人将儿子魏老五叫来。魏老太太说："胡先生虽是道外之人，却难得一片侠义心肠。老五，胡先生这个朋友一定要交，以后就称他'爷叔'吧。"老五很听话地改口叫道"爷叔"。

"爷叔"是漕帮中人对帮外的至交的敬称，漕帮向来言出必行，虽然胡雪岩极力谦辞，但魏老五喊出第一声"爷叔"，其余的人也就跟着齐呼"爷叔"。

当晚，魏家杀鸡宰鹅，华灯高掌。魏老太太、魏老五、胡雪岩、刘王两位领导频频举杯，以祝友谊。

就这样，凭着胡雪岩的三寸不烂之舌，用软中带硬的话，击中老太太的心理软肋，使老太太顺利答应了他的请求，并很快就与漕帮的龙头老大魏老五由初识而结成莫逆之交。以魏老五的威信，胡雪岩买米的事自然不成问题。

行业有行业的规矩，作为一个商人，自然要就货论价谈生意。但是当时中国的生意场是十分复杂的，有洋商、有买办，有亦官亦商、有亦匪亦商，还有像魏老五这样的帮派之商。所以经商时既要讲商道，又要能进什么门说什么话讲什么规矩。胡雪岩与魏老五漕帮打交道，首先以漕帮尊崇的一个"义"字，从心底深深打动了魏老五之母，又以其母之情去压魏老五，不管魏老五内心愿不愿意，漕帮的力量算是借定了。再加上胡雪岩发自肺腑地替对方着想的善后处理而不是以情压人达到目的就走，更使他赢得对方心中完全的信任，对于其高超的沟通技巧我们不能不由衷地佩服。

这也要求我们在平时求人办事的过程中，说话态度一定要不卑不亢，软中带硬。自尊的同时，才能给自己在他人心中树立好形象，再加以自己独到的中肯的语言，才会让对方发自内心地觉得值得为我们办事，进而心甘情愿为我们办事。

谈判背后的心理博弈：张弛有度的话才有"交涉力"

谈判在本质上就是一场心理博弈。在商务交往中，不管谈判双方的行为或语言何等复杂，都是可以预测和理解的。因此，在谈判中运用心理学知识，用张弛有度的语言来触碰对方最在乎的点，促使谈判局势按照我们所想要的方向发展。

步步为营，紧握谈判的主动权

商务谈判是指不同的经济实体各方为了自身的经济利益和满足对方的需要，通过沟通、协商、妥协、合作、策略等多种方式，把可能的商机确定下来的活动过程。商务谈判不仅是企业实现经济目标的手段，也是企业获取市场信息的重要途径，同时更是开拓市场的重要力量。由此可见在商务谈判中取得主动权更容易实现自身利益。

在某年冬季的一天，北京某大宾馆举行了一次不同寻常的谈判，谈判的是关于我国进口某国汽车的质量问题。

我方代表首先发言，代表简单介绍了全国各地对该种汽车损坏情况的反映。

对方深知汽车的质量问题是无法回避的，但他们却采取避重就轻的策略，每讲一句话，都是言词谨慎，看来是经过反复推敲的。

他们在谈到汽车损坏的情况时说："有的车子轮胎炸裂，有的车架偶有裂纹。"

这时，我方代表立即予以纠正："先生，车架出现的不仅是裂纹，而是裂缝、断裂！请看！这是我们现场拍的照片。"说着，随手拿出一张事先准备好的照片递给对方。

对方一惊，没料到自己的对手竟是如此精明，对方连忙改口："是的，偶有一些裂缝和断裂。"

我方又步步紧逼，毫不让步："请不要用'偶有一些'那样的模糊概念，最好是用比例数字来表达，这样才更准确、更科学、更实际些。"

"请原谅，比例数字未做准确统计。"对方以承认自己的疏忽来加以搪塞。

"哦，这事不难。既然贵公司未做准确统计的话，那么，请看我方的统计数字和比例数字，与贵公司进一步核对。"

我方又出示了准备好的统计数字。

对方不想完全承认，就对此提出异议："不至于损坏到如此程度吧？这是不可理解的。"

但我方紧接着又拿出商检证书："这里有商检公证机关的公证结论，还有商检时拍摄的录像，请过目。"

谈判的最后，在大量证据面前，对方不得不承认他们的汽车质量确有严重问题，因此，他们签署了赔款协议。

由此可见，谈判中有很多需要注意的问题，各个方面都要顾及，步步为营，才能帮助你掌握谈判的主动权。如何在商务谈判中取得主动权其实是一门艺术，是一种有强大交涉力的体现。

谈判在表现形式上往往只是语言交锋的过程，但实质上是一场心理战。在谈判中如何察言观色，把握对方的心理，潜移默化地影响其感情因素，将直接关系到谈判的成败。如何掌握主动权，打赢谈判这场仗，需要谈判者懂得谈判这门艺术里蕴藏的心理战术。

以下几点是我们需要注意的掌握主动权的具体做法。

1.未雨绸缪，做好谈判前的准备

在谈判前我们要充分了解谈判内容所涉及的市场信息，了解对方的基本情况，确定己方谈判底线。对谈判过程中将会出现的问题做好应对措施。确保在谈判过程中应对如流。这样，我方就能在谈判过程中选择切实有效的谈判策略，使我方的谈判事半功倍，让谈判朝着有利于我方的方向发展。

2.掌握谈判的语言技巧，运用出色的语言艺术

具体地说，商务谈判除了在语言上要注意文明用语、口齿清楚、语句通顺和流畅大方等一般要求外，还应掌握一定的语言技巧。

因此，在谈判过程中，一个优秀的谈判者，除了要认识到倾听的重要性之外，还要掌握一定的语言技巧，要意识到谈判并不是无休止地讨价还价，也不是蛮横不讲理。好的谈判者并不是一味固守立场，追求寸步不让，而是要与对方充分交流，从双方的共同利益出发，创造各种解决方案，用相对较小的让步来换得最大的利益。

3.适时地亮底牌

在谈判的过程中，底牌是谈判的关键。亮出底牌也预示着谈判基本步入尾声，是能否成功的关键。在实际操作过程中，我们会发现以下两种情况。

一是急于亮出底牌，当我们正和领导谈得很投机的时候，你亮出了底牌，之后却一直没有等到该领导的回复，殊不知该领导却拿着你的"底牌"去和竞品要条件去了，成了为竞品铺路的"傻子"。

二是"陷阱式"亮牌，主要还是我们急于亮出底牌，给自己挖了一个洞往里跳，当我们和终端领导谈得正投机的时候，我们会觉得已经差不多了，一股脑儿的把我们的底牌给亮了出来，这下好了，过早地亮底牌对方不买账，还要往死里"扣"，让你后悔莫及。

以上两种情况说明，亮底牌是一个技术活，什么时候亮牌很重要，亮得好一切都顺理成章，亮不好连之前努力也化作徒劳。

4.尽量采取主动

在商业谈判中不是东风压倒西风就是西风压倒东风，谁占据主动就意味着谁将获得更多的利益。因此，在谈判中应采取下列措施在心理上压倒对方。

一是要充分暴露对方商品的缺点，对卖主的商品所有缺点加以揭露，借以达到杀价的目的。如果对方为卖主而急欲脱手时，你应采取拖延战术，不妨提出同类商品廉价出售的材料，使卖主对自己所开高价失去信心。

二是尽量利用第三者出面与卖主洽商，采取迂回战术，或让多人分别杀价，将所杀价结果进行比较，得出卖主愿售价格的答案。

制怒是赢得谈判的第一张"名片"

在谈判中，为避免激怒对方，尽量不要和客户发生正面争执。

因为商务谈判本质上就是一种博弈，一种对抗，其中充满了战火的硝烟。这个时候，双方心理都很敏感，一旦发生争执，就意味着会引爆火药而使人发怒，使双方的沟通受阻甚至终止。无论是自己发怒，还是对方发怒，所带来的危害都会使谈判陷入僵局。

　　有人也许会说，即便自己脾气好，如果对方咄咄逼人，那要怎么办呢？答案同样是，控制你内心的怒火，不要轻易与对方发生正面争执，因为这是你能够征服对方，赢得谈判的第一张"名片"。至于具体怎么做才好，我们先来看下面的小案例。

　　玲玲，IT界的风云人物，据说在她任职台湾某地区公司董事长时发生过这样一件有趣的事情。

　　有一次，玲玲带着自己的团队与某科技公司的人进行开会，谈判一项合作业务，在提出很多方案及方法后，对方总是觉得这个不行，那个不行。最后，对方为了给玲玲施加更大的压力，火药味越来越浓，似乎随时都有谈崩的可能。

　　这时，玲玲用一个形象的比喻化解了现场的火药味，她说："你们觉不觉得我们现在就像父子骑驴一样，我让儿子骑驴，你们说这样不孝顺，我让父亲骑驴，你们又觉得这样对儿子不够体贴……"

　　对方听了玲玲这样形象生动的比喻，原来针锋相对的沟通场面，立刻轻松了很多，合作上的问题很快得到了解决。在对方领导离开时，还微笑着对玲玲说："你是一个很有意思的人，我愿意和你成为永远的朋友，同时我们公司也希望能够与您长久地合作。"

　　故事中，在对方咄咄逼人的情形之下，玲玲巧妙用机智的话语扭转了紧张的局面，避免了正面的争执，让谈判得以顺利进行，最后成功达成协议，并赢得了对方的好感。这是一种智慧，也是一种交涉力的象征。

　　如果一个人在与他人交流的过程中觉得自己情绪波动大，沟通就有可能受到妨害，因为他本应更为理智的思想过程可能被这些情绪所蒙蔽。在谈判中更是如此。因此，当谈判双方发生意见分歧的时候，无论什么情况，都不要与对方正面争执。如果对方真的咄咄逼人，不如先后退一步，或者将谈判暂停。等对方怒气平息之后，再将自己的观点表述出来，对方会更容易接

第十一章　谈判背后的心理博弈：张弛有度的话才有"交涉力"

受。而且，这种张弛有度的做法还能给客户留下一个宽容大度的印象，让客户钦佩你的人格，从而更愿意与你合作。

商业谈判中，为了避免正面争执，还需要注意以下几个方面。

1.注意自己的言行举止

日常谈判中一个小小的细节都有可能改变对方对你的看法。因此，参加商业谈判时，一定要注意自己的言谈举止应与会场主题气氛相一致。应时刻提醒自己，任何一个不恰当的言行都会带来副作用，都会终止沟通的继续进行，从而使自己失去一次成功的机会。

2.提问方式，有礼有节

商业谈判也讲究沟通艺术。要多用商讨式的语句，有助于解除对方紧张、局促、防范的心理意识，尽快赢得采访对象的配合；注重平等对话，不盛气凌人，让对方感到与我方交流无拘束；注意察言观色：在谈判对象高兴时可乘兴追问，疲惫时要适可而止，悲痛时予以安慰，拒谈时暂不强求；对方如有不正确的言论，可用提问等方式转移话题，避免发生正面争执。

3.切忌取笑对方

在谈判中宁可取笑自己，绝不可取笑对方。这是在商业会谈中能够使沟通畅行无阻的一项重要原则。这充分说明在交往中，尊重对方的重要性。它包括以下几个方面的内容。

与客户见面时要态度友好，表情自然，面带微笑，给客户一种和蔼可亲的感觉，消除其陌生感；切忌过分亲热；握手时第一次目光接触，宜表现出坚定和自信，使客户觉得和此人打交道可靠；在和对方握手和目光接触时，切忌犹豫和躲闪；行动和说话要轻松自如，落落大方，切忌慌慌张张、吞吞吐吐及缩手缩脚。

在会谈之前宜适当谈些非业务性话题或寒暄几句，这样易使会谈气氛变得融洽，切忌生硬地切入话题。商谈时一定要衣着得体，整齐干净，切忌蓬头垢面；应注意礼节，不要冒犯客户，或用左手握手或戴手套握手、以"喂"称呼对方、或者客户未坐下自己先坐下；不要自己坐在唯一的皮椅上，却把木椅留给对方等等。

4.和客户站到同一个立场

谈判中，双方在沟通的过程中都有一个自己的立场，若别人说话的立场和自己不同，自然就会产生抗拒心理。聪明的谈判者应该学会和客户站到同一个立场上去，并从对方的角度出发去思考问题。相反，在谈判中，如果谈判者死守自己的立场，不愿意站在对方的角度思考问题、说话，估计迎来的不是谈判的僵局就是以失败告终。

让步互惠，讨价还价巧获最大利益

心理战术在竞争中时常用到。利益是谈判的基础。商业谈判虽然没有影视里那般扣人心弦，但是谈判双方的心理模式是一样的，都是为了争取最大化利益。

因此，商业谈判中，谈判双方或多方为自己一方争得最大的利益，进行讨价还价是常有的事。在此过程中，就免不了互相反驳和拒绝。但是，也不能为了反驳和拒绝对方，就把双方关系搞僵。所以，在准确理解对方利益的前提下，努力寻求双方各种互利的解决方案是一种使双方能够达成协议的有效沟通方式，但在解决一些棘手的利益冲突问题时，如双方就某一个利益问题争执不下，例如，房东与承租人之间的房租问题；在国际贸易中的交货期长短问题；最终的价格条款的谈判问题等，恰当的运用让步策略是非常有效的。

南方某市工艺品公司作为供货方与某外商就工艺品买卖进行行谈判。谈判开始之后，工艺品公司谈判人员坚持1200元一件，态度十分坚决，而外商只出900元的价格，而且毫不示弱。谈判开始了两天，没取得任何进展。

对此，外商提出暂停谈判，休息休息再谈，假如还是不能取得共识，那合作只能泡汤。对此，己方坚决不退让，眼看谈判就要陷入破裂的情况。第三天谈判继续开始，双方商定最后阶段谈判只定为4小时，因为没有办法破解僵局，再拖延下去只能是浪费时间。对此，谈判进行了3个多小时依然毫无进展，就在谈判还剩下最后七八分钟的时候，双方代表差不多都做好了退场的准备，这时工艺品公司首席代表突然大声说："这样吧，先生们，我们初次合作，谁都不愿出现不欢而散的结局，为表达我方诚意，我们愿把价格降至1050元，不过这绝对是最后的让步。"

听到这样的话，外商先是一惊，然后沉默了几分钟，就在谈判破裂的钟声即将敲响的时候，他们伸出手说："成交了！"

在利益冲突不能采取其他的方式协调时，客观标准的让步策略在商务谈判中起到了非常重要的作用。每一个经历过实际谈判的参与者都应该清楚，在谈判桌上，即便没有单方面的退让，但当我方做出让步的时候，必然地，我们也要求对方做出让步。当然，怎样才能更好地迫使对方向我方让步，这确实是一个值得讨论的问题。对于谈判者来说，要想在谈判中获得利益并不是简单的事情，我们经常需要一番讨价还价的过程，这样才能迫使对方让步。

成功让步的策略和技巧表现在谈判的各个阶段，但是，要把握好"度"，准确而有价值地运用好让步策略，但总体来讲必须服从以下原则。

1.目标价值最大化原则

目标价值最大化原则需要我们在目标之间依照重要性和紧迫性建立优先顺序，优先解决重要及紧迫目标，在条件允许的前提下适当争取其他目标，其中的让步策略首要就是保护重要目标价值的最大化，如关键环节——价格、付款方式等。

2.刚性原则

让步策略的使用是具有刚性的，其运用的力度只能是先小后大，一旦让步力度下降或减小则以往的让步价值也失去意义；同时谈判对手对于让步的体会具有"抗药性"，一种方式的让步使用几次就失去效果，同时也应该注意到谈判对手的某些需求是无止境的。必须认识到，让步策略的运用是有限的，即使你所拥有的让步资源比较丰富，但是在谈判中对手对于你的让步的体会也是不同的，并不能保证取得预先期望的价值回报。

3.时机原则

所谓让步策略中的时机原则就是在适当的时机和场合作出适当适时的让步，使谈判让步的作用发挥到最大、所起到的作用最佳。

4.清晰原则

在商务谈判的让步策略中的清晰原则是：让步的标准、让步的对象、让步的理由、让步的具体内容及实施细节应当准确明了，避免因为让步而导致新的问题和矛盾。

5.弥补原则

如果迫不得已，我方再不作出让步就有可能使谈判夭折的话，也必须把握住"此失彼补"这一原则。即这一方面（或此问题）虽然我方给了对方优惠，但在另一方面（或其他地方）必须加倍地，至少均等地获取回报。当然，在谈判时，如果发觉我方若是让步便可以换取彼处更大的好处时，也应毫不犹豫地给其让步，以保持全盘的优势。

紧紧抓住听众的心：你一开口便能惊艳全场

当今社会，演讲已成为每个人都无法逃避的课程。演讲沟通，看似随机变化，实则有规律可循。只要懂得这些规律，就能调动语言的一切积极因素，在演讲中自如发挥，一开口就惊艳全场，给自己的成功加码！

匠心独运的开场白即是成功演讲的一半

无论是社会的发展变迁，还是个人自我的生存发展，对沟通表达能力的要求日益显现。在演讲的同时，如何与听众进行良好的沟通，从而抓住他们的心、拉近彼此间的距离是一门学问，更是一门艺术。一旦你精通此道，你的生活和事业将会翻开新的篇章。

作为演讲者，不管你准备了多少演讲内容，最初的30秒都是最重要的。不要小看这短短的开场白，它将决定此后你所说的每一句话的命运。听众将根据你给他们留下的第一印象来决定是否耐心聆听你的演讲。因此你必须把握好自己的开篇，事先反复练习。并且作为你与听众的第一眼接触，你的双眼应该远离笔记，认真地注视台下的听众。因为此时你最需要拉进与听众的距离，建立自信。当所有听众都在饶有兴致地聆听你的演讲时，你才算是迈出了演讲成功的第一步。

演讲者站到听众面前，很自然地就会引起听众对他的注意，然而要想持续这份注意力，演讲者在第一个句子中就要说出某些吸引听众兴趣的话来，而不是第二句、第三句。记住，是第一句。

因此只有独具匠心的开场白，以其新颖、奇趣、敏慧之美，才能给听众留下深刻印象，才能立即控制住场上气氛，瞬间集中听众注意力，从而为接下来顺利演讲搭梯架桥。

有一位日本教授给大学生演讲，一开始场面乱哄哄的。老教授并没生气，他从衣袋里摸出了一块黑乎乎的石头扬了扬，然后说道："请同学们注意看看，这是一块非常珍贵的石头，在整个日本，只有我才有这么一块。"同学们顿时静了下来，被这块并不起眼的石头吸引住了，大家都在暗自发问：这是一块什么石头？如此珍贵？全日本才一块？他面对静下来的同学和那一双双充满好奇的眼睛，才开始了他关于南极探险的演讲。最后大家都知道了那块黑乎乎的石头是从南极探险时带回来的。

由此可见，演讲者如果想引起听众的兴趣，一开口便惊艳全场，有一点必须记住：开始便进入故事的核心。

俄国大文学家高尔基说："最难的是开场白，就是第一句话，如同在音乐上一样，全曲的音调，都是它给予的，平常却又得花好长时间去寻找。"高尔基的这段话包含了两层意思：第一，演讲的第一句话至关重要，它的作用如同音乐的定调，规定着全曲的基本面貌和基本风格。第二，适当的第一句话不是那么容易找到的，它是长期积累和斟酌钻研的结果。

开场白虽然没有千篇一律的固定格式，但是你却可以根据具体的情况去选择合理模式设计一个开场白。

1.问题开场白

一些有经验的演讲者都会选择在演讲开始的时候先提出一个问题，使听众按照他的思路去思考问题，同时产生一种想知道答案的欲望，听众的精力自然就被集中了。我们进行开场白的时候也可以效仿那些演讲者，以问句作为开始。这样就可以立刻抓住对方的注意力，让对方紧跟你的话语本身，无法逃脱你话语的"魔掌"。

但有一点要注意的是，我们提出的问题要恰到好处，不宜过多，达到抛砖引玉的目的即可，否则只会适得其反。

2.赞美式的开场白

人人需要赞美，人人也都喜欢赞美。因此当你做开场白的时候，就可以用上这一招。对听者家乡的自然风光、悠久历史、传统风貌等表示自己的敬佩之意，或对当地人的善良勤劳由衷地赞颂。这样，可以引发对方的自豪感，满足其自尊心，从而获得对方的共鸣，拉近你们彼此之间的距离。

3.以小故事作为开场白

为开场白准备的小故事，可以是寓言，也可以是引人发笑的小笑话，但一定要做到吸引对方且与自己的话题相关。

引人发笑的故事本身就具备引起人兴趣的魔力，如果运用得当，将是非常好的开场白。

大多数情况下，只要这个故事有具体的时间、地点、人物与故事情节，并且与你要讲的主要内容相契合，那么这个小故事就已经合格，具备吸引对方的特征。

4.引用名言警句的开场白

一般来说，名人都是大家耳熟能详的，并且具有某种权威。许多人对名人都会产生一种崇拜感。所以，开始进行对话的时候，不妨引用名人名言作为自己的开场白。这样，你的整段话自然而然会产生一种吸引力，引发对方的兴趣。

制造悬念，紧紧抓住听众的猎奇心理

古话说看戏看轴听书听扣。扣就是说书人"卖关子"，说书说到紧要处。将响板一拍，丢下一句"刀声起处人头落地，不知死者是谁，且听下回分解"，便戛然而止，留下悬念，逼得人非弄个水落石出不可。这是古时说书的技巧，现在这种制造悬念的手法被大量引入到演讲当中。

人都有好奇心，对于未知的东西都有探索求知的冲动，一旦有了疑虑，非得探明究竟不可。这是人的一种本性。在演讲时用悬念来吸引听众是一个最有效地抓住对方心理的沟通方法之一。

弗兰克·彼杰写了《我怎样在销售行业中奋起成功》一书。在美国商会的赞助下，他曾经在全美做巡回演讲，谈论有关销售的事情。他总是能够在第一句话就制造悬念，简直堪称"悬念大师"。他演讲的《热心》这个题材的开始方式，更是高妙无比，叫人佩服得五体投地。他一不讲道，二不训话，三不说教，四无概括的言论，一开口便进入核心。

"在我成为职业棒球选手后不久，我便遇到了一生中最使我感到震惊的一件事。"

　　现场听众听到这个开头后，立刻就来了兴趣。每个人都迫切地想听听：他遇到了什么事？他为什么会震惊？他是怎么办的？

　　这种方式最能吸引听众，以这种方式开头也几乎万无一失。他在演讲时逐层向前推进，听众紧随其后，都想要知道即将发生的事情。

　　某大学举办写作知识讲座，主讲老师谈到了细节描写。演讲开始之前，老师并没有直接讲关于细节描写的知识，而是提出了一个问题。

　　他走到讲台，首先提出了一个悬念："请问同学们，男生和女生回到宿舍时，摸钥匙开门的动作有什么不一样呢？"

　　台下的大学生们活跃起来了，有的私下议论，有的举手回答，有的干脆掏掏口袋，模拟起自己回宿舍时找钥匙的动作来。

　　主讲老师让同学们议论了一会儿之后，说："据我观察，大多数的女生在上楼梯时，手就在书包里摸摸索索，走到宿舍门口，凭感觉捏住一大串钥匙中的那一片钥匙，往锁孔里一塞，正好门开了。而大多数的男生呢？他们匆匆忙忙地跑到宿舍门口，'砰'的一脚或一掌，门不开，于是想起找钥匙。摸了书包摸裤兜，摸了裤兜又摸衣袋，好不容易摸到了钥匙串，把钥匙往锁孔里一塞，打不开。原来钥匙又摸错了。"

　　主讲老师的描述引起了会场上一片会心的笑声，老师趁势总结道："把男女生回宿舍摸钥匙开门的动作描述出来，就是细节描写。而细节描写的生动又来源于我们对生活的细致观察。"

　　主讲老师很顺利地把刚才的笑话与细节描写的知识联系在一起，并激发了学生们的学习兴趣。无疑这是一个成功的演讲。

　　有一次，卡耐基在一所学校发表演讲，他别出心裁地拿出几根头发展示给听众。接着卡耐基问听众："你们都知道头发是长在头上的，但这几根为什么掉下来了呢？"一句话引起了听众的注意力，开始专心致志地等待卡耐基的解答。卡耐基接着说，"这就是烦恼的作用。如此乌黑的头发长在头上是多么漂亮，可是它却无可奈何地离开了养育它的'土地'。我们为什么要烦恼呢？"

卡耐基仅仅用了几根头发，就给他的听众留下了深刻的印象。

制造悬念不是故弄玄虚，既不能频频使用，也不能悬而不解。在适当的时候应解开悬念，使听众的好奇心得到满足，而且也使前后内容互相照应，结构浑然一体。

有位教师举办讲座，这时会场秩序比较混乱，学生对讲座不感兴趣，老师转身在黑板上写了一首诗："月黑雁飞高，单于夜遁逃。欲将轻骑逐，大雪满弓刀。"

写完后他说："这是一首有名的唐诗，广为流传，又选进了中学课本。大家都说写得好，我却认为它有点问题。问题在哪里呢？等会儿我们再谈。今天，我要讲的题目是《读书与质疑》……"这时全场鸦雀无声，学生的胃口被吊了起来。演讲即将结束，老师说："这首诗问题在哪里呢？不合常理。既是月黑之夜，怎么看得见雁飞？既是严寒季节，北方哪有大雁……"

这样首尾呼应，能加深听众印象，强化演讲内容，令人回味无穷。

好的悬念不仅能够使演讲者成为听众注目的焦点，而且能够活跃现场气氛，激发听众聆听与参与的兴趣。因此，在演讲中制造悬念，可以有效地吸引听众的注意力，使演讲内含的信息和情感得以准确传达。

除了在演讲开头使用之外，如果演讲者能在出现冷场的情况下，也能够适时地制造一两个悬念，不失为重新吸引听众注意力的非常有效的办法。比如：

老罗英语培训机构的创始人罗永浩是一个非常出色的演讲者，他在各个剧院进行《一个理想主义者的创业故事》系列演讲。在其中一次演讲中，他这样说道："谁要是在这个节骨眼上能给我百万的年薪，无论让我做什么事情……"这个时候，就没有继续说下去，而是停顿了几秒，一般人都料想他会说"我都会去做的"，但是停了几秒之后却说道："我都会慎重地考虑一下的。"

不确定性是悬念的基本特征。制造悬念最简单的方法之一就是：提出问题，然后给出解决方案。只要你的演讲内容是听众关心的问题，并且稍后会给出解决方法，观众就会给你打出高分。观众会紧密关注每一个悬念及其揭示的方法。只要你针对第一个问题提出了实用而新鲜的解决之道，观众就会在整场讲座中都跟随着你的思路。

演讲中提出的假设也能制造悬念，例如，你可以把标题定为"为何我们都不应该上大学"，这个思路就会带来紧张的氛围，而当你逐个点破时，人们的疑惑便随之解开。悬念的设置与解除之间会形成一种节奏感，从而引导整场演讲走向成功。

妙语互动，让心灵靠得更近

成功的演讲并不是一个人在讲，而是在场的所有人都在讲。演讲的一个大忌就是一个人在那儿滔滔不绝地讲，而没有与听众情感方面的沟通交流，没有让听众参与进去。

当一个演讲者出现在讲台上的时候，其与听众之间虽然只有短短的几步的距离，但是，此时和听众之间的心理距离要远远超过空间距离。虽然他们可以听到演讲者的声音，看到演讲者的表情，但彼此之间的感觉和情感是不能相通的。而演讲作为人际交流方式的特点在于它的现场性，它不仅要靠思想观点的传输，更要靠感觉情感的交流。

1956年，当时的印尼总统苏加诺到清华大学演讲，台下的听众除清华大学的学生外，还有北京大学的学生，陪同的是国家外交部的领导。苏加诺是世界名人，步入清华时，学生队伍的秩序一度有些激动性的骚乱。在台上的领导有些不悦，气氛有点紧张和压抑。有经验的苏加诺总统当然看出来了。他在演讲一开头就说了两句题外话："我请诸君向前移动几步，我愿意靠近你们。"一说完，学生队伍活跃了，很快往前移动了几步。

接着，苏加诺又说："我请诸君笑一笑，因为我们面临着一个光辉的未来。"青年们轻松地笑了起来，气氛变得十分和谐，之后苏加诺总统的演讲进行的相当顺利，时常被掌声打断。

演讲者的正确观点往往只会触动人的理性，却很难使人产生有感情的共鸣。如果能做到使听者不但理解真理，而且和演讲者一起感觉和享受真理，那么，不仅你的惊人妙语会引起听众的哄堂大笑，热烈的鼓掌，就是很平淡的一颦一笑、一举一动都能引起他们的心领神会和不约而同的微笑，有时甚至是突然的欢呼。

在演讲的时候，打破演讲者和听众之间这堵透明的墙，提高听众注意力的方法主要有两种。

一种是创造出一种精神优势，扩大你和听众之间的心理距离，把听众吸引住，使他们的神经拉得很紧，不容喘息。但这种方法存在致命的缺点，其效果很难持久，而且到了事后，听众中的聪明人难免会有上当之感。

所以，一般来说，要打破这堵透明的墙，高明的演讲者多采用第二种方法，即缩短与听众的心理距离，降低自己的精神优势，让听众在心理上得到放松。这样就会使听众不但在思想上，而且在感觉和情感上与你相通。

为什么在演讲时首先要缩短与听众之间的心理距离呢？因为任何一个人只要出现在讲台上，由于外部的职业、年龄等的原因，多少有些精神优势，足以使听众对他肃然起敬，哪怕是短到几分钟。而缩短与听众心理距离的最有效方式是利用幽默。利用幽默可以打破听众与演讲者之间的隔阂，促进演讲的进行，提高听众的期待值，从而与听众产生共鸣。

情感共鸣，调动听众激情

　　演讲，是"演"与"讲"的完美结合，不仅需要对听众进行语言"刺激"，还要对听众进行情绪感染。缺乏激情的演讲是失败的演讲；而缺乏激情的人，永远也不会成为演说家。对于演讲者来说，"诚于中，则形于言"。只有先具有丰富、真诚而炽热的感情，才能把这种感情倾注到自己的有声语言和态势语言中，并借助感情的掀动力，充分发挥自己心理因素的积极作用，来取得演讲的成功。

　　第一次世界大战结束后，哈利来到伦敦与勒威·托马斯共事。当时托马斯正针对阿拉伯的阿伦比和劳伦斯发表一连串精彩的演讲，听众场场爆满。哈利在一个周日，信步来到了海德公园，在大理石拱门入口处，他发现各种主义、人种、政治、宗教信仰的演讲者正在不受任何法律约束畅谈自己的主张。

　　当时有三位演讲者天天发表演讲：第一位社会主义者在谈马克思主义；第二位天主教徒在解释教皇无谬论；第三位演讲者正阐述说一个男人应有三个妻子才正好恰当。在鼓吹一夫多妻制的家伙的面前，听众很少，而另外两个演讲者的面前已聚集了很多听众，并且人群还在不断扩大。究其原因是，那位大谈特谈有三个老婆正合适的家伙自己并没有兴趣讨三个太太，而另外两个演讲者，几乎都是在针对所有对应的观点来说明道理，忘我地沉浸在各自的演讲里。他们好像在拼着性命演讲，他们做着激烈的手势，声音洪亮且充满自信，浑身散发着活力和热情。

　　几乎所有的讲演者开始时都会怀疑，自己选择的题目能否提起听众的兴趣。其实只有一个方法保证让听众感兴趣：那就是点燃自己对题目的狂热。也就不怕无法掌控人们的兴趣了。

对自己演讲的题目要有深切的感受，这一点非常重要。只有对自己所选择的题目怀有特别偏爱的情感，听众才会相信你那一套话。道理很明显，如果你对选择的题目有实际接触与经验，对它充满热情——像某种嗜好或消遣的追求等；或者你对题目曾做深思或有着个人的观点因而满怀热诚，那么就不愁讲演时听众不感兴趣了。

对于自己认为很好的题目，除了要想方设法地多了解一些之外，还应该重视自己对题目的感觉，倾注自己的热心。不要抑制自己真诚的情感，也不要在自己真实感人的热情上头加个闭气闸。让听众看看，你对自己谈论的题目有多热心，如此，他们的注意力便会在你的掌控之下。人们总喜欢聚集在精力旺盛的演说者身旁，就如同野雁总喜欢聚集在秋天的稻田里一样。

在纽约一家极具知名度的销售公司里，有个销售员提出反常的论调，说自己能使兰草在无种子、无草根的情形下生长。他将山胡桃木的灰烬撒在田地里，然后转眼间兰草就出现了。所以坚决相信山胡桃木灰是兰草生长的原因。在对这件事情进行评论时，卡尔温和地指出，销售员这种非凡的发现，若是真的，可在一夜之间使他成为巨富，因为兰草的种子价格很昂贵，而且这还会使他成为历史上的一位杰出的科学家。但事实是根本不可能有这种奇迹发生。

这是个很明显的错误。没有人能从无机物里培植出生命。但那个销售员连想都没想，立即站起来反驳，大声说自己没错，只是自己还没有引用论据只是陈述经验而已。因此，他继续说下去，扩大了原先的论述，提出了至关重要的资料，举出了更多的证据，他的声音中透露出无限的真诚。有人再一次反驳他，说这是不可能的，是百分之百错误。他马上又站起来，提议可下一赌注，让美国农业部来解决此事。

经过几次争论，情况发生了很大变化，现场一半以上的人支持销售员的观点。卡尔要问那些改变主张的人，是什么改变了自己最初的观点？他们都说是讲演者的热诚和确信让他们对自己的常识产生了怀疑。

　　毋庸置疑，销售员的结论肯定是错误的。但这件事可以给人很大的启示，那就是：演讲者如果真的确信某件事，并热切地谈论它，便能让人相信。即使是说自己能从尘土和灰烬中种植出兰草也无所谓。既然这样，那么人们头脑中归纳、整理出来的信念，并且是正确的常识和真理，应该更容易让人信服了。

　　听众的情绪是演讲者自身情绪的反射，想让听众充满激情，首先自己要有激情。要善用姿势表情达意，要善于将自己的激情寓于相应的态势语之中，借以形成活力，感染听众。

　　当然不要奢望所有的听众对自己演讲的话题都会表现出同样的热情，但演讲者必须尽力去激发他们的兴趣。那么，演讲者的激情是从何而来呢？激情来自于演讲者的真情实感。真情实感是联系演说者和听众心灵的纽带。

　　有一位叫夫林的先生，他从一家报社所发行的一本小册子里仓促而肤浅地搜集了一些关于美国首都的资料，然后演讲。虽然在华盛顿住了许多年，但他却不能举出一件亲自经历来证明自己喜欢这个地方，所以，他的演讲听起来枯燥、无序、生硬，他讲得很痛苦，大家听得也很煎熬。

　　两周后，发生了一件事。夫林先生的新车停放在街上，有人开车将它撞得面目全非，并且逃逸无踪，他当时非常生气。但这件事是他的亲身经历，当他说起这辆被撞得面目全非的汽车时，讲得真真切切，滔滔不绝，怒火冲天，就像苏维尔火山喷发一样。两周前，听众们听他的演讲时还觉得烦躁无聊，坐立不安，现在却给了他以热烈的掌声。

　　当然，演讲者要想演讲得好，只有激情是不够的，关键还要将这种感情抒发出来，所以要知道如何把你的真诚和激情注入到演讲之中，懂得怎样把自己的心意传递给听众。只有当听众感受到你的诚意时，才会打开他们的心门，接收你的演讲，进而令彼此之间产生并实现沟通和共鸣。

　　演讲中的抒情技巧大体有以下三种。

第十二章　紧紧抓住听众的心：你一开口便能惊艳全场

1.语意传情

不少感情激烈的演讲到了一个内容的高潮时，演讲者往往都会用一个相对独立的语段，以排比句、反问句、感叹句、重叠句等语言手段，直抒胸臆，让压抑在胸中的感情潮水一泻而出。直抒胸臆的方式，给人的感觉酣畅淋漓，十分痛快。

除了直抒胸臆之外，还可以采取融情于理、融情于事、融情于景的方法，把抒情与写景、叙事、说理结合起来，使四者和谐统一。这样不但增强了语言的感情力量，也使叙事、议论显得更加有生气。

2.语调传情

演讲是要感染人的。它感染人的重要手段之一就是通过演讲者的语调去流露真情。种种复杂的感情都可以通过语音语调的高低快慢、抑扬顿挫表现出来。

3.态势传情

态势是不能代替语言的，但它却是有声语言的一个重要的辅助成分。在演讲中通过用适度、得体的态势辅助语言，可以使听众产生兴奋，引起感情的共鸣。演讲者的仪表、姿态、神情、动作，不但可以给听众以视觉形象，反映演讲者的修养气质，而且可以借助某些神态、动作的配合，直接表达某种思想感情，因此在演讲过程中要注意恰当地利用态势传情。

无论你认为自己已经付出多少努力，你的激情都是远远不够的。你必须不断地提升听众的热情。事实上，所有人都是潜在的怀疑论者，你的任务就是打消他们的疑虑。因为你无法说出涉及话题的每一点细节，所以你必须说出听众想知道的那一部分。

巧妙结尾，余韵不绝

为何一个演讲的结尾对于听众而言，也会显得非常重要呢？从心理学的角度来看，这是人的记忆受到"近因效应"影响的缘故。近因效应即人们识记一系列事物或某人的言论时对末尾部分的项目的记忆优于中间部分项目的现象。当你传递的前后信息间隔时间越长的时候，近因效应就越明显。其原因在于前面的信息在记忆逐渐模糊，从而使近期信息在短时间记忆中更为突出。

因此，演讲者不可忽略了结尾语言的精彩性。结尾是演讲的重要组成部分，是显示一个人演讲艺术的重要环节之一。精彩的结束语犹如与人话别，能促人深思，耐人寻味，给听众留下难以忘怀的印象。因此，在演讲的结尾要努力调动一切积极因素，把听众的情绪推到最高的浪峰上，使听众情绪激昂、亢奋起来，让听众在头脑中出现一个更为强烈的兴奋点，给听众以希望和信心，催听众团结向上，让演讲者的意境和听众的感情得到升华，形成说服和感染听众，并给听众以启迪的强烈效果。

鲁迅先生在结束《在上海中华艺术大学的演讲》时候这样讲道："以上是我近年来对于美术界观察所得的几点意见。今天我带来一幅中国五千年文化的结晶，请大家欣赏欣赏。"话刚说完，他就把手伸进了长袍，在大家好奇的关注中，慢慢地从衣襟上方拿出了一卷纸。

就在大家仍然摸不着头脑的时候，鲁迅先生把那卷纸缓慢打开，呈现在大家面前的居然是一幅破旧的月份牌，原来这就是鲁迅口中的文化结晶，霎时间全场爆笑。

鲁迅先生在恰到好处的动作表演和幽默悬念的设置下，让演讲在大家的爆笑不止中拉下了帷幕。相信即使大家会忘记鲁迅演讲的内容，也不会忘记鲁迅演讲时候的幽默。这就是好的结尾带给演讲人的回馈。

整个演讲犹如画龙，而收尾部分就是点睛，好的点睛之笔会能给人留下强烈的印象。戴尔·卡耐基说过"最后——也是最重要的。"精妙的收尾既是结尾，又是高峰；既水到渠成，又戛然而止；既铿锵有力，又余音袅袅；既别开生面不落俗套，又来得自然贴切。

如果说好的演讲开头犹如"凤头"，那么好的演讲结尾就像"豹尾"。豹尾者，色彩斑斓而又强劲有力。演讲的结尾既有幽默文采又坚定有力，既概括全篇又耐人寻味，才能使全篇演讲得以升华，收到良好的效果，才能够让听众们在笑声中，对你的演讲感觉到意犹未尽。

因此，精彩的演讲，需要有一个明亮清晰的开头，也需要有一个耐人寻味的结果。

所以说结束语是演讲的重要组成部分，好的结束语能使演讲收到意想不到的效果。通常情况下，结尾不应冗长拖沓，更不能画蛇添足，而要在达到高潮时戛然而止，给听众以余音绕梁、回味无穷的感觉。结尾时要尽可能达到与听众感情上的交融，引起听众的共鸣。在把握好分寸的前提下，满腔热情地提出希望、要求和建议。

在一次演讲中，老舍先生开头说："我今天给大家谈六个问题。"接着第一、第二、第三、第四、第五，井井有条地谈着。这时他发现离散会的时间不多了，于是他提高嗓门："第六，散会。"听众先是一愣，接着就欢快地鼓起了掌。

老舍先生知道已到了散会的时间，便没有再按事先准备的去讲，而是选择时机戛然而止，既幽默又利索。

曾经有位主编说过："我把文章刊登在最受欢迎的地方，就结束了，而在演说上，当听众达到最愉快的顶点，你就应该设法早些结束了。"

其中，演讲耐人寻味结尾的要求大致可以归纳成以下两点。

1.强化印象，结束全篇

当演讲基本完成，听众对你的观点、态度以及讲述的有关知识基本上已经掌握时，就应该考虑"收口"了。恰到好处的"收口"将从视觉上、听觉上给听众留下最后印象，将在听众的大脑屏幕上"定格"，这也直接决定了听众对整个演讲的印象。精彩的结束语往往能弥补一些不足，强化听众的总体印象。只要我们留意一下，便会发现古今中外的演讲家对结尾都是很重视的。

2.言简意赅，耐人寻味

伟大的歌德曾这样欢呼新时代的到来："'宽恕我吧，渗透着时代精神，这是莫大的乐趣。'看呀，从前的智者是怎样思考的，而我们最后却远远超过他们。"歌德结尾的演讲言简意赅、感情生动，耐人寻味。

因此，精彩的演讲结尾不要重复、松散、拖沓、枯燥，应尽量避免那种人云亦云的客套式的结束语。结尾形象生动应该是演讲者追求的目标。

下面介绍常见的几种演讲收尾的方法。

1.总结全篇

这种结尾在演讲结束时扼要地对全篇进行了总结，即使你没有听到他演讲的其他部分，也完全能够了解他通篇讲话的大致内容，因为他已把它们概括成言简意赅的几句话，从而也加深了听众的印象。

2.鼓动号召性结尾

这种结尾是用得最多的一种，它以发出号召收拢全篇，其优点是鼓动性强，能给听众极大的鼓舞和深刻的印象。

3.借用名人名言结尾

用被人们普遍认可和使用的名人名言或诗句结束演讲，给整个演讲的论点一个强有力的证明，同时进一步深化了主题，并把演讲推向高潮。

4.抒情式结尾

满怀激情，以优美的语言直抒胸臆。这种结尾感情丰富，意境深远，具有强烈的感染力。抒情式结尾是一种常见的效果较好的结尾方式，但要注意克服"套话"，应多在内容上下功夫。只有内容与形式的统一，才能达到完美的境界。

此外，还有共勉式、展望式、誓愿式、赞美式、象征式等结束演讲的不同方式。

俗话说"编筐编篓，全在收口"。结尾是对整个演讲的总结，它承担着收拢全篇的任务，因此，其意义非常重要。演讲要获得全面成功，一定要精心设计好精彩的结尾。邵守义教授说："（演讲）结尾无定法，妙在巧用中。"此话道出了演讲结尾的真谛。只要勤于思索，巧于构思，敢于创新，展开想象，就能设计出"响如撞钟、清音有余"的演讲结尾来。

第十三章

灵巧提问，步步深入探出顾客真心

销售是一场心理博弈战，谁能够掌控顾客的
心理，谁就能成为销售的王者！销售员不懂销售
心理学，就犹如在茫茫的黑夜里行走，永远只能
误打误撞。优秀的销售员就像一位心理学家，最
明白顾客的心声，用其灵巧的提问加以引导，打
开对方的心门。

用问题来激发客户的好奇心

　　人生处处皆销售，这是一个销售为赢的时代。销售已大大超出原来职业的含义，而成为一种生活方式，一种贯穿和渗透于各种活动中的生活理念。销售能搞定客户是生存，让客户追随自己是发展。销售中可运用的战术也是变幻无常的，但"心理战术"却是隐藏在所有战术背后的最根本力量。

　　那些经验丰富的推销人员都会感觉到自己的工作从某种程度上是与医生有着异曲同工之妙的。中医讲究的望、闻、问、切四种疗法在推销界同样适用——推销人员必须掌握察言观色的技巧，同时还必须学会根据具体的环境特点和客户的不同特点，借助巧妙地提问，以期有效地与对方进行思想上的沟通和交流。

　　好奇心是人们非常普遍的一种心理，当你能够准确地把握并利用这一心理，有针对性地用设问的方式来引导顾客的时候，你往往能够轻而易举地征服客户。

　　晓峰是一位从事人寿保险推销的业务员，一次，他拜访了一位完全有能力投保的客户，客户虽然明确表示自己很关心家人的幸福，但当晓峰试图促成投保时，客户提出了不少异议，并且进行了一些琐碎且毫无意义的反驳。

　　很显然，如果不出奇招，这次推销很难成功。

　　晓峰沉思了片刻。然后，他凝视着客户，高声地说："先生，我真不明白您还犹豫什么呢？您刚才已经说了您的相关要求，而且您也有足够的能力支付保险费，更重要的是，您非常爱您的家人！不过，我好像向您提出了一个不合适的保险方式，也许我不应该让您签订这样一种保险合同，而应该签订'29天保险合同'。您是否有意向听我解释一下呢？"

　　客户吃惊地瞪大了眼睛问道："这29天保险是什么意思呀？"

"先生，29天保险就是您每月受到保障的日子是29天。比如这个月，有30天，您可以得到29天的保险，只有一天除外。这一天可以任由您选择，您大概会选择星期六或星期天吧？"

客户陷入了沉思。

晓峰停了片刻，然后接着往下说道："这可不太好吧？"

客户问："此话怎讲？"

晓峰说："恐怕您周六、周日这两天要待在家里，可是据确切统计来说，家这个地方也是最容易发生危险的地方。您不觉得吗？"

晓峰故意停下来不讲了，他看着那位客户，像是在等着什么，过了一会儿，他才又开口了："从公平的角度来看，先生，即使您让我马上从您家里出去，那也是情理之中的事情。我说了不应该说的事情，我显然忽略了您的家人未来的幸福，而您却是对家庭责任感非常强的一个人。我在说明这种'29天保险'时说，您每月有1天或2天没有保险，恐怕您会这样想：'如果我猝然死去或被人杀害时将会怎么办？'先生，关于这一点请您尽管放心。保险行业内虽然保险方式各种各样，但对于这种'29天保险'，就目前来讲，我们公司尚未认可。我只不过冒昧地说说而已。之所以我会在这里对您说这些，是因为我想假如我是您的话，也一定会想，无论如何也不能让自己的家人处于不安定状态之中。在您内心大概就是这样的感受吧，先生我确信，像您这样的人从一开始就知道我向您推荐的那份保险的价值。它规定，客户在一周7天内1天不缺。在一天24小时内1小时也不落下，无论何时何地，也无论您在干什么，都能对您的安全给予保障，能使您的家人受到这样的保障，难道不正是您所希望的吗？"

这位客户完完全全地被说服了，心悦诚服地投了费用最高的那种保险。

在销售环节中，巧妙地向客户提问对于销售人员来说有着诸多好处。谈销售中间的技巧"买卖不成话不到，话语一到卖三俏"，由此可见语言的重要性。作为销售人员要想让客户选择自己的商品，就需激发客户的好奇心，刺激其购买欲望，就要讲究沟通的艺术。向客户展示你的语言魅力。运用提问的艺术来发掘问题、获取信息，不但可以让销售人员把握住方向，让客户乐意购买你的产品，同时也给对方带来愉悦的享受。

案例中的晓峰就是一个利用客户的好奇心理成功签单的典型：晓峰正是通过"29天保险"这个让客户感觉新奇的事物，激起了客户的好奇心，客户由于想了解谜底而使推销员有了继续往下说的机会。如果没有这个"29天保险"作铺垫，那么推销就难以成功了。在接下来的对话中，晓峰充分发挥了自己出色的口才，把客户的思维始终控制在感性上，最终让对方心甘情愿地购买了那份保险。

好奇心能够促使顾客做出具体的购买行为，满足自身的好奇，也是顾客重要的需求之一。因此用问题来激发客户的好奇心理，可以促成业务的成交。这种经验值得每个销售人员学习。

试探性询问，消除顾客的疑虑

销售员在沟通的过程中要取得顾客的信任，必须清除一个障碍——顾客的疑虑。顾客之所以会产生这种心理，主要原因有以下两个方面：一是顾客对商品或销售员不信任；二是顾客自己的购买需求、欲望不明显。

实际上销售员只要做好两个方面的工作就可以把销售工作做好，一个方面是撩起顾客的欲望，另一个方面是消除顾客的顾虑。当顾客没有任何顾虑而且购买的欲望也足够大时，顾客就没有理由不购买你的产品了。

那么怎样消除顾客的顾虑呢？我们先来看一个案例。

文博是从事煤气炉推销工作的，一次，他向一位顾客推销煤气炉，经过宣传、解释，顾客有了购买的意向。但在最后时刻，顾客变了卦。顾客说："你卖的煤气炉588元一个，太贵了。"

文博不慌不忙地说："588元也许是贵了一点儿。我想您的意思是说，这炉子点火不方便，火力不够大，煤气浪费多，恐怕用不长，是不是？"

顾客接着说："点火还算方便，但我看煤气会消耗很多。"

文博进一步解释说："其实谁用煤气炉都希望省气，省气就是省钱嘛。我能理解，您的担心完全有道理。但是，这种煤气炉在设计上已充分考虑到顾客的要求。您看，这个开关能随意调节煤气流量，可大可小，变化自如；这个喷嘴构造特殊，使火苗大小平均；特别是喷嘴周围还装了一个燃料节省器，以防热量外泄和被风吹灭。因此，我看这种炉子比起您家现在所用的旧式煤气炉来，要节约不少煤气。您想想是不是这么回事？"

顾客觉得文博说得有道理，低头不语。文博看出顾客心动了，马上接着问："您看还有没有其他的顾虑？"

顾客的疑虑完全打消了，再也说不出拒绝购买的理由了，随即说道："看来这种煤气炉真的很好，那我就买一个吧！"

要想顺利达到让顾客购买自己产品的目的，就需要运用一定的沟通技巧，耐心而诚恳地与顾客"谈谈"，以期逐渐深入对方的内心，诱导对方说出真正的原因。上述案例中，顾客在有了购买意向后，突然变卦说煤气炉太贵了，很显然顾客有了异议，当然这也可能是顾客拒绝购买的借口。推销员文博了解了顾客的想法后，他采用"588元也许是贵了一点儿"首先承认顾客的立场，然后把对方的抽象立场转换成具体的有关商品本身的性能问题（因为这些都是可以检验的。同时，商品价格的高低，只有与商品的性能联系在一起，才有客观的标准），借助试探性询问的方式，打开对方的心门，并成功找到对方真正的顾虑所在。接下来的解答自然句句中顾客的下怀。在解决了这个顾虑之后，文博还不忘问对方"您看还有没有其他的顾虑"，由顾客"觉得文博说得有道理，低头不语"的反应来看，对方距离购买煤气炉仅有一步之遥了。文博随紧逼问一句"您看还有没有其他的顾虑"，顾客内心因没有了任何疑虑，再无拒绝之理，从而爽快地购买了煤气炉。

有销售大师总结，提问是打消顾客疑虑最好的方式之一。在核实的提问下，销售员获了了关于顾客需求的准确信息，这也就能够灵活处理问题，采取适宜的办法回应。

选择最合适的方式去说服对方

作为一个销售人员，你是否遭到对方以这些态度拒绝说服？

刚叩开客户的门，想要介绍自己的产品，却吃了对方一个"闭门羹"。

想确认对方的心意，但是对方的答复却模棱两可。

打招呼已经变成形式化。

正想进入说服的主题，对方却欲拖延话题。

只是点头，并不表示意见。

追问细节。

一直保持严肃的态度。

谈话中，不断移开视线，不断打量着你。

当你想说服对方时，如果对方的态度变的慎重，表示他产生了戒备心。

当你想说服客户时，遭遇对方戒备心的阻碍，这种情形在初次见面是无可避免的。当然，有时熟人也会有这种表现，当他发现你怀有某种目的时，自然而然便会产生戒备心。此时，你相当于正和一位带着面具的人说话，对方隔着一道面具，你无法看清他的表情，不知他态度如何，所以你就无法采取良好的对策。但是，如果因为对方带着面具而放弃了进一步销售的念头，那便是不战而败。

对方有戒备心，虽然不利于说服，但是未察觉对方的戒备心，继续说服，那就变成了自娱自乐，对方不仅戴着面具，而且还背向着你，紧锁心扉。这就像一个人身上包上了一个护盾，这就像一道防火墙，这层护盾起到保护和反弹的作用，任何对他的言语都会被这层护盾接收，而无法进去他的内心世界。所以说在进行销售时，首先要辨别客户的身上对你产生的护盾，必须破盾而入，才能使对方产生与你沟通的欲望，使预售产品有进一步的成交可能。

　　为了消除对方的戒备心理，如果你对他说："你不必对我怀有戒心！"这不仅没有任何效果，反而会有相反的作用。由于对方的深层心理被你识破了，他会再加厚心理的屏障，防止你的再次突破。因此，要想让对方站在自己这一边，就需要一定的技巧，要善于动脑子，管住自己的嘴巴，选择最合适的方式去说服对方。

　　美国费城电气公司的推销员威伯到一个州的乡村去推销电，他叫开了一户富有农家的门，户主是一位老太太。她一开门见到是电气公司的人，就猛地把门关上。威伯再次叫门，门勉强开了一条缝。威伯说："很抱歉，打扰您了。我知道您对电不感兴趣，所以这一次登门并不是来向您推销的，而是来向您买些鸡蛋。不知可以吗？"

　　老太太消除了一些戒心，把门开大了一点，探出头，用怀疑的目光望着威伯。威伯继续说："我看见您喂的明尼克鸡种很漂亮，想买一打新鲜的鸡蛋带回城。"接着充满诚意地说，"我家的鸡下的蛋是白色的，做的蛋糕不好看，所以，我的太太就要我来买些棕色的蛋。"

　　这时候，老太太从门里走出来，态度比以前温和了许多，并且和他聊起了鸡蛋的事，威伯指着院子里的牛棚说："太太，我敢打赌，您养的鸡肯定比您丈夫养的牛赚钱多。"

　　老太太被说得心花怒放。长期以来，她丈夫不承认这个事实。于是她把威伯视为知己，并高兴地把他带到鸡舍参观。威伯一边参观，一边赞扬老太太的养鸡经验，并说："您的鸡舍，如果能用电灯照射，鸡的产蛋量肯定还会增多。"老太太似乎不那么反感了，反问威伯用电是否合算。威伯给了她圆满的回答。

　　两个星期后，威伯在公司收到了老太太交来的用电申请书。

　　威伯之所以能说服固执的老太太，诀窍就在于他不是使用常见的"说"来进行会谈，而是成功地使用了一系列具有逻辑性的问题引导了老太太的思路，逐渐打开对方的心扉，使其主动而且愉快地参与到会谈中。

第十三章　灵巧提问，步步深入探出顾客真心看来，精心设计向客户提出问题不失为最佳的说服方式之一。案例中的威伯不愧是沟通高手，他通过问题来控制会谈的节奏，轻松地找出老太太感兴趣的地方，发现她内心真实的需求，并主动为其出谋划策，从而一步一步逼近预定目标，最终取得了说服的成功。

以提问的方式说服别人需要注意以下几点。

第一，提出的问题要能引起对方的兴趣，从而引导对方思考。

第二，提出的问题要能获得自己所需的信息反馈。

第三，提问要以顾客为中心，这样才容易赢得对方的好感和信赖。

第十四章

看 "芳心" 说话，懂得为爱情保鲜

两情相悦，两情相依，彼此不可以独活的感情，谁都盼望拥有。不过，有情无情，缘深缘浅，这就要看男女双方的造化了，而造化，关键就在嘴上。如果掌控了婚恋的沟通技巧，就会牢牢抓住对方的芳心，让爱情地久天长。

🔖 心声共振：情真意切方能收获稳稳的幸福

语言是一门艺术，恋爱中语言的作用更为明显。如果我们懂得如何沟通、交流，可以使彼此感情处理得非常融洽；但是如果男女中的任何一方在沟通时语言使用不当，就会造成彼此感情的疏远。

现代生活中，人们的示爱行为越来越由暗示性而趋向直接的亲昵动作，而且男女的个性差异在一部分开放的女孩中似乎正在消失。据心理学家分析，爱情的来临使人带有比平时更强的非理性化。人的行为中，感情、动作的沟通往往比语言还快。这也使得人们对理想概念中的爱情产生一种质疑。而事实上，人们依然更倾心于爱的传统表达方式——语言。

生活中，我们发现有这样的情话对白：

女孩："你爱我吗？"

男孩："爱。"

紧接着，女孩会继续追问："那爱我哪里呢？"

男孩："哪里都爱。"

这个回答似乎合情合理，但实际上，对方会有一种被敷衍的感觉。有些人会说，爱一个人是没有理由的，其实不然。爱一个人会留心观察对方的包括恋爱中的每一个细节，至于那些"爱我哪里"的问题，如果你这样回答："我倾心于你身上那股迷人的公主气质。当初，就是这股气质深深吸引了我，让我无法自拔地爱上你。"或者这样回答："我最爱你的眼睛，请相信我。如果可以和你在一起，我宁愿让天上所有的星星都陨落，因为你眼睛，是我生命里最亮的光芒。"

相信，这样的回答定会使对方心里充满深深的幸福感。可见，爱表达得越生动具体，越真实细腻，也就越能给对方新颖感，对方也就越有幸福感。

对爱情做了几十年研究的心理学家赫德瑞克说："人生不一定要有爱

情，但是快乐一定要有爱情。没有爱情的人生对于许多人来说就像是一部黑白电影，有事件，有行为，但是没有色彩，没有活力，没有最值得庆祝的气息。"

爱情拥有如此的魔力，让人们感叹爱情既是天使又是魔鬼。如果在爱情里面，我们能够做到无论在争吵时，还是"和平期"，都能用深情厚谊的爱善待彼此，幸福的主动权就会稳稳地把握在我们的手上。

一天傍晚，静涵与子铭两人为一件小事闹了点别扭。分手时，子铭本想按惯例送静涵回家，可静涵却执意不肯。子铭拗不过静涵，只好答应。但同时，子铭十分担心静涵的安全，只好在后面远远地跟着，直到看静涵进了家门。

10点多钟，静涵回到家，刚一推门，电话声就响了。她抓起电话，听筒里传来子铭的声音："静涵啊，我是子铭。"静涵听说是子铭，正要放下电话，又听子铭说："静涵，看见你到了家，我也就放心了，晚上好好休息，我也回家了。"

听了子铭的一番话，静涵跑到窗边，看到子铭离去的背影，泪水夺眶而出，此时的她，心里早已盛满了幸福和感动，哪还顾得上生气啊。

子铭不失时机的一番关爱之语，向恋人传送了自己的关心与牵挂。语虽短，意却浓；话虽短，情却真。令对方的内心不由得盛满幸福，怨气全消。

有人说过，天天在一起，爱情的炽热能保持60天；如果不天天在一起，爱情的激情也只能保持三年。之后不是转为亲情，就是化为陌路。我们不去探讨这句话的科学依据，却能让我们体会到：要想让我们在爱情的天地中过得的有滋有味，就得需要天长日久的经营。

懂得从细小的生活开始经营，用我们的真情时刻温暖对方。我们有时候常常会把目光投向明天，认为明天会比今天更好，殊不知我们抱怨的今天，就是昨日离开的人的未来。活在当下，不要把美好的生活耗费在永无止歇的奔波中，认真体会每一刻的感受，吃饭的时候，好好体会爱人用心准备的饭食；散步的时候，慢慢体会彼此的陪伴；有争执的时候，用心换位体会对方

183

的心情；困难的时候，真心给予对方最温暖的支持。时刻把关注的目光投向对方。这便是爱情的保鲜秘籍所在。

在国庆长假之前，珍珍原本计划和丈夫小辰一起去一趟三亚浪漫游，这也是小辰早就答应过她的。快临近假期时，小辰却说："自从咱们结婚到现在，这5年的时间中，咱们就在刚结婚的时候去了一次。如今难得有8天时间，我想回去看看父母。"

小辰家很偏远，花在路上的时间大概就要三天，等于他们假期将近一半时间就要颠簸在路上。然而，小辰执意要回去，珍珍一时心理有些不平衡，正准备责备丈夫的不守信用，突然转念一想，小辰平时对自己的爸妈非常好，常在周末时和自己一起回去陪他们，于情于理自己都不应该责备丈夫。更何况，自己作为儿媳妇，没有和丈夫一起去多看望看望公婆，这是自己的失职啊。

于是，珍珍的态度瞬间发生了180度的大转弯，她亲昵地对丈夫说："老公，我陪你一起回家吧。好久都没有和公公婆婆一起拉拉家常啦。我还真想念他们呢！趁这个机会，咱们可以好好享受全家团聚时那种其乐融融的气氛。"

由此，珍珍和小辰一起回公婆家，并且准备了很多礼物。回到婆家的几天里，珍珍都陪着婆婆上街买菜，一起做饭，抢着做家务，几天下来，珍珍与公公、婆婆聊得特别投机。珍珍明显地感觉到，小辰看她的眼神里，带着感激与甜蜜。这份柔情还真有点久违了呢。

对于珍珍的要求，小辰不是不想去，而是心中挂念千里之外的父母而不能去。珍珍正是由于看到了这一点，把即将爆发的怨气转变为一种深深的理解——她用温存的话语抚慰丈夫，与丈夫一起购买礼物，并主动帮婆婆料理家务，陪两位老人聊天，这些无不体现珍珍情真意切的一面。显然，珍珍的这一系列做法，令她和小辰的关系非但没有因旅游梦的泡汤受到影响，反而使他们的爱情更上一层楼。

情真意切是爱之魂。唯有当徜徉在爱情之海的你真情流露时，对方才会做出同样的回应；倘若没有真诚实意，谈情说爱只能停留在空洞或虚假的层面上，幸福也只能化为一抹难以触及的奢侈。

莫让无话不谈变成无话再谈

热恋中的情侣由于彼此间的亲密无间，很多时候常常会无话不谈，什么都告诉对方，什么也都想了解。殊不知，恋爱语言中也有不可涉足的"雷区"。误人爱情的"雷区"，小则会引起彼此之间的误会或者争吵，大则可能会导致分手。即便你们是最最亲密的爱人，下面这些规则也要遵循。这自然也是你们爱情能够甜甜蜜蜜、永久保鲜的前提。

1.不过多涉及对方前男友或者前女友

恋爱中的青年男女或多或少地存在着自己的"敏感地带"，即使是开玩笑也不要触及对方的"敏感地带"。

一般来说，敏感话题都带有一些隐私的性质，虽然是恋人关系，但双方都有各自的心理空间。比如，最好不要谈及恋人的前任男（女）友之类的话题，这会给对方造成一种不信任的感觉，甚至觉得你心胸狭窄，斤斤计较。

同时，过多涉及对方以往的恋爱史，不但会引起对方不愉快的回忆，也会让自己在心里不停地去比较，不平衡，势必会给两个人的爱情道路设置定时炸弹，说不定哪天两人闹矛盾，就会把这些旧事拿出来相互攻击，伤及感情。

2.不合时宜的话莫说

恋爱时沟通的内容应随着双方关系的发展循序渐进，而不能不合时宜，不切实际。如果在恋爱初期就谈到热恋阶段才能说的话比如"以后生男孩还是生女孩"之类的话，对方就会处于尴尬境地。

不要总说些超越现阶段实际情况的话，也不要乱许诺、夸海口，这会使对方内心感觉你在骗他，从而对你失望，甚至心里反感。

3.不要动不动就说"分手"

恋爱中，有些人总爱时不时地开个玩笑来考验对方，看看对方"到底爱我有多深"。开个小小的玩笑倒也无妨，但过分的玩笑不仅会对对方造成心理伤害，还会葬送自己的爱情。比如，以假装分手来考验对方，这种玩笑就有点过了。这会让对方内心觉得，彼此相处实在太累了。动不动就拿分手作威胁，会给人内心不成熟意气用事的感觉，让人觉得不可靠，同时，也会让人产生你把感情当儿戏的感觉。分手说多了，不定哪天你只想吓吓对方，对方却当真分手了，到那时就后悔莫及。

恋爱中的人，最好不要随随便便说"分手"，就如同夫妻之间闹了别扭不能随便说"离婚"一样。这种玩笑会给对方的感情与心理带来极大的伤害。

怜取眼前人：不要等到失去后再来后悔

记得《大话西游》中有这样一段堪称经典的台词："曾经有一份真挚的爱情摆在我的面前，但是我没有珍惜，等到了失去的时候才后悔莫及，尘世间最痛苦的事莫过于此。如果上天能够给我一个再来一次的机会，我会对那个女孩子说三个字：我爱你。如果非要在这份爱上加上一个期限，我希望是……一万年。"

有很多人，有很多事，都是等到失去后才懂得珍惜，都是错过了再来后悔。可是又有多少人，多少事能挽回的呢？所以，要珍惜好眼前对你好的人，要把握好能让自己表现的机会。有很多人都是等到失去对自己好的人才来后悔，然而又会有几个人能重新回到你的身边呢？

珍惜好眼前对你好的人，把握好能让你表现的机会，不要等到错过了再来后悔。

晓晓与小超是众人眼中的金童玉女，般配至极，然而，结婚不到两年的他们，却走上了离婚的道路，让人百思不得其解。

原来，晓晓平时工作非常忙，醉心拍戏，认为彼此之间已经十分熟悉了，没有必要如同恋爱时一般，腻腻歪歪的；同时，很多家庭琐事也没必要一五一十地说清楚。

然而，小超却并不这样认为。他觉得缺少关心和体贴，妻子一点儿也不懂情趣，生活太过单调、贫乏。而且晓晓性格内向稳重，平时说话不多；小超则恰好相反，是一个地地道道的"话痨"，性格之间的差异也导致两人产生沟通障碍，成为婚姻破裂的终极杀手。

晓晓在离婚声明里也承认："我们生活的圈子越来越远，我的工作无法抗拒地越来越忙。以去年为例，整体算下来，我最多也就休息了十天。别说回家，我就连看他一眼都很难。这对他是不公平的。我们之间连最起码的沟通都很少了。这些都是我的错。"

晓晓还称："每段感情都不可能是完美的，但如果感觉累了，再坚持下去变成一种痛苦和煎熬，还要继续吗？一定要继续吗？有时，放手反而是对他的一种解脱。分手不是因为别的任何原因，都是我没有维护好这个家！是我的错！我现在很后悔也很痛苦，但事已至此，除了离婚，我真不知道还有什么更好的办法！"

晓晓与丈夫小超离婚的根本原因在于夫妻两人离多聚少，疏于沟通，由此导致婚姻生活出现不和谐的地方，继而造成感情裂痕、家庭解体，留给我们诸多遗憾。

《错过了缘分错过你》中有一段歌词这样写道："多想回到我们的昨天，我会爱你一如从前，想起我们不再有明天，我的泪水在枕边蔓延，我错过了缘分错过了你；你的温柔从此在我梦里，是与非，笑和泪，如今都变成飘散的记忆，我错过了缘分错过了你……"

我们往往会犯这样的错误：因为拥有的太容易了，所以不懂得珍惜；因为握在手中，所以没想到有一天会失去。

失去了才发现疼痛不已，失去了才知道后悔，后悔了才想到挽回，但却不知道意识到的那一刻早已是覆水难收。

夫妻关系问题比较复杂，我们经常见到的是夫妻关系基本感情是好的，但是在相互沟通和交流上有些问题，影响了彼此的关系。因此，夫妻必须学会沟通。

　　夫妻间的沟通有一个重要功能，就是随时让对方知道你对他的感情，表白你的欣赏、喜爱与专情，这样才能去维持和巩固夫妻间感情。感情上的表达，并非全靠口头说话，也可从表情、动作或其他非语言方式来表达，但是有时候直接称赞自己的配偶，表示爱慕也是很重要的。

　　最常见的夫妻沟通困难在于彼此认为用不着说对方应该明白，只要能心神领会即可，其实越是自己人越需要常交谈，表明意思，分享感受。

　　有时两人缺少沟通与两人性格有关，有人生来不喜欢用语言来表达，再加上害羞，没信心坚持自己的意见，特别是两人性格一强一弱，性格弱的一开口就被对方震慑住。久而久之就不愿开口表达意见了。还有的夫妻对方一开口就批评和指责，马上变成带火气的争论，没办法沟通，这常常与夫妻沟通混乱有关。

　　夫妻关系应该是成人对成人的平等的关系，互相尊重，能理智地讨论问题。

　　比如：

　　丈夫："今天晚饭吃什么？"

　　妻子："我想去吃一次肯德基，你不是也说过想尝尝它的味道吗？"

　　丈夫的话是探索性的，也体现了对妻子的意见和喜好的尊重。妻子的回答把丈夫的愿望和自己的意图统一了起来，既坦率地表达了自己的观点，也表达了对丈夫的体贴，丈夫过去说过的话妻子是记在心上的，这种交往是成功的，它对双方良好的关系起着积极的作用。

　　在夫妻相处的过程中，注意以下沟通艺术，或许对你有帮助。

　　第一，在对爱人提要求时，首先对对方的感受表示理解，如："我知道你很累，但是你是否把自己的衣服放在固定地方。"

　　第二，要就事论事，不要把对其他的事情的不满一起说出来，不能说："你这个人就是一贯如此""你总是这样"。

　　第三，表达感受的目的在于解决问题，不是想吵架，在表示不满的同时，要提出你对下一步的建议，如："你回家晚了也不打电话，家里人很不放心，下次最好能事先通知家里一声。”把埋怨变成希望。

第四，不要提高嗓音，不用讽刺的腔调，更不要拉长了脸，用手指责对方。

第五，如果你坦诚的讲了自己想说的话，对方生气了，态度很恶劣，你不要把球“踢回去”。别以为忍让就是自己吃了亏，过后他会后悔的，待他冷静下来后，你再平静地与他交谈不晚。当一个人大吼的时候，另一个人就应该静听，加为当两个人都大吼的时候，就没有沟通可言了。有是只是噪音和震动，你无法赢得争论。十之八九，争论的结果会使双方比以前更相信自己绝对正确。

第六，爱情需要保鲜，不能每天生活在一个模式中。夫妻双方可以时不时地互送小礼物，给对方一个惊喜鼓励。家庭生活应该活跃而有情调，夫妻双方平时可以搞一些小活动，甚至可以有一些恶作剧，使双方都非常开心，具有阳光心态。

另外，不断提升自己。每个人都要不停的吸收新的信息，增长新的技能，让自己永远有新鲜的气息，把它带入家庭生活中，分享、充实彼此的生活。

当爱出现了裂痕，记得用你的好去修补完整

人们离开了爱情并不见得马上会死，但有了爱情人们会活得更加美好滋润。可是，爱情是有保鲜期的。如何才能让爱情永远保鲜呢，这个问题因人而异。一般来说，要想让爱情永远保鲜，需要恋爱的双方共同用心去经营与呵护。

当爱情出现裂痕时，你是怎么反应的？是大吵大闹一场，还是让对方收拾包袱滚蛋？如果你还爱着对方，如果不是走到非分手的地步不可，为什么不试试平息你的哀怨，给爱人一次机会，心平气和地和对方谈谈呢？要知道，心平气和的沟通是解决所有事情的最佳办法。不但能解决事情、打开心结，还能互相的了解与增进感情。只要用心去沟通，没有解决不了的事。怕的是连沟通都无法做到，那就成悲剧了。

我们先来看一个故事。

姓张的，我就知道你今晚心里又痒得难受，你简直无可救药了。如果再像这样下去，日子没法过了。你在外面轻松快活，却留下我孤独一人，早知道我还不如回娘家去，待在这个破家干什么。

我郑重地警告你：你再这样，我就去告诉你爸妈，我还不信了，你这毛病我治不了，别人也治不了？！

请再看另一段妻子留给不归丈夫的话，比较一下二者的效果。

小飞，夜深了，依旧等不到你的归来，想是到朋友家打麻将去了。一周繁忙的工作之后，确实应该轻松一下，但愿你能如愿以偿地放松自己的身心。

晚上，我独自一人倚在窗边数天上的星星，并猜测哪一颗星星属于你所在的位置。有一颗最初很亮很亮，可我看得久了，却发现它又黯淡下去，最后我都找不着了。

起风了，吹得门窗砰砰作响，每一次门响，我都以为是你回来了，兴奋地打开门。迎来的，却是黑漆漆的夜……

我在等待一个不回家的人，我想你一定不愿意这样。虽然，你人留在了一个我不可知的地方，但家里到处都闪现出你的身影，厨房的餐桌上还留着你早起喝剩的半杯奶，已没有了早晨热腾腾、飘着黄油的香味，我只好把它倒掉了。等你回来，我再重新为你冲上一杯，但愿你不会再把它剩下。

两段话的效果应该是截然不同的，前者充满了怨恨、责怪，这样尖锐的话说出来非但达不到效果，反而会令对方更为反感，主人公的犀利言辞，很可能让本来就已岌岌可危的爱情以光的速度走向终结。当爱出现裂痕时时，要像故事二中的主人公一样，多一分包容，多一分关爱，才能把握好爱情，尽己所能挽留住爱人的心。

面对情感裂痕时，以下是几点建议，供大家参考。

1. 温和一点，把你的怒气放在一边

现在还不是对他（她）大吼"收拾东西在周一前给我滚蛋，否则我就把那些垃圾全扔了"的时候。如果你以为恐吓对方就能把他（她）留住的话，那你就大错特错了。注意，他（她）之所以会离开，是因为对两人关系的某些方面感到不满。这很可能就意味着你应该充当一个倾听者，多关注他（她）的真正需求。这也是为爱情打好基础的重要手段之一。

2. 找出问题出在哪儿

一个人坐下来，静静地想想：问题究竟出在哪儿？如果不把导致爱情崩塌的原因找出来，你又怎么能修正路线，与爱人深入沟通，让两人的感情和好如初呢？问问自己：是什么让你和他（她）在一起的最初几个星期或者几个月如此特别？在你们刚刚确定关系和最后感情破裂的时候为什么你的感受会如此强烈？试着弄清楚到底哪些东西在爱情中发生了改变。

3. 如果依然爱着对方，不妨说出来

如果你仍然爱着他（她），那么至少这次一定要让他（她）知道。说实话往往会起到意想不到的好效果。即使他（她）当时可能不会对你说什么，但他（她）会知道你爱着他（她）、关心他（她）。这些都会被他（她）记在心里，只要他（她）愿意，就一定会记起来。

4. 若是你的错，请勇敢去承担

无论男女，要试图让另一半回心转意，就必须记住，在一段破裂的感情中，你和他（她）同样负有责任，所以你得担负起属于你的这份儿。别把他（她）的东西随便丢掉，要重视他（她）的东西。当然，如果你怕自己每天24小时惦记着，也可以把那些玩意丢进箱子然后塞进壁橱里！但请记住，要重视它们。千万不要在大庭广众之下冲到他（她）的面前冲他大吼大叫。

理解和尊重比爱更重要

每个婚姻中的男女都渴望拥有一生一世的爱情，温馨和睦的家庭，牢不可破的婚姻。然而，很多婚姻中的男人和女人，却过着并非温暖宁静的生活，他们时常争吵，彼此责骂，缺少沟通，鲜有互动，甚至最终以离婚收场。这样的局面，相信每个身处婚姻中的人都不希望发生在自己身上，可是，我们常常不自觉地就进入了"疯狂怪圈"，使婚姻质量越来越糟糕。

一对夫妻到法院要求离婚。

女方的头发被剪得乱七八糟，她强烈要求与丈夫离婚，可她的丈夫坚决不同意。原来，这是一对新婚夫妇，因家庭矛盾引起误会，丈夫一气之下用剪刀把妻子的头发乱剪一气，以示对妻子的惩罚。误会解除后，男方一再对妻子赔礼道歉，表白自己是多么爱她。女方在冷静之后，也知道自己很爱丈夫，但她仍然坚持离婚。

她说："对于我来讲，尊重和理解比爱更重要！如果没有这些，爱一个人是很痛苦的事情，只能是忍痛割爱了！"

爱情难免也会充满各种各样的生活纠纷，当爱情受到生活纠纷侵袭的时候，爱情的新鲜度就会大打折扣。所以，要想让爱情永远保鲜，夫妻双方在沟通时就要懂得理解和尊重彼此。

从一定程度上来说，男女之间，获得爱易，获得敬难。爱人之间仅仅有爱而无敬，那种爱再浓也没有用，总有变淡变无的一天。崇拜和轻视只隔一层薄纸，一旦瞧不起，便也爱不起来。爱对方，就不要彼此伤害自尊。理解并尊重对方，这是情感关系中最为重要的一部分。与此相反的是诋毁，它是一种伤害对方让对方感到自己渺小而不受尊重的行为方式，这种行为的发生往往会让感情关系陷入尴尬和难堪的境地，会给爱情带来极其糟糕的结果。对爱人的诋毁，往往意味着对其优点和成绩的否定，对这种破坏情感关系的行为要坚决抵制，这才能使感情更好地朝健康积极的方向发展。

去年，文文执意要辞掉干了6年多的工作。这份工作，在大家看来相当不错，可以让他一家过比较稳定的生活。但文文则认为这份工作上升空间不大，已经有些职业倦怠，想换一个环境。在父母朋友的一片反对声中，他还是辞了职。

对此，妻子娜娜并没有反对他，而是对他的决定表示尊重并且大力支持。因为，一份让他不快乐的工作，会影响他的情绪，也就可能影响夫妻感情。况且娜娜也很清楚，他这几年一直在充电，寻找更好的机会。辞职，并不是那么糟糕的事，再说，娜娜还有一份不错的工作，在他失业期间，她完全可以养家。文文没想到妻子在这件事上会表现得如此通情达理，让他的压力减了不少。

辞职后，文文休息了一段时间，就积极地投入到新的职场中去。而最大的改变是，他现在特别愿意和娜娜交流他的想法，两人经常探讨一些怎样在事业中进一步人生价值的话题，这娜娜感到无比甜蜜、幸福。

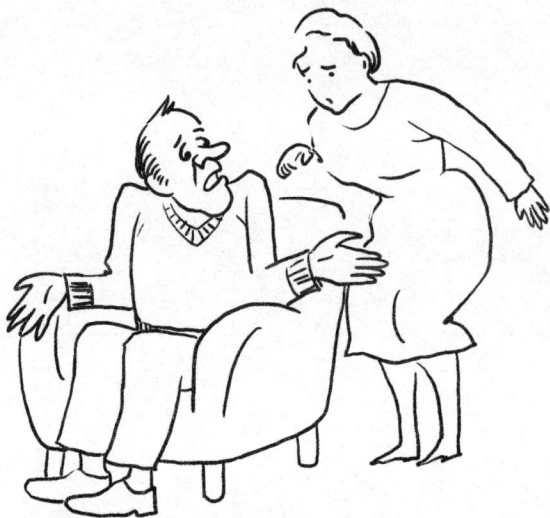

对爱人或许就应该是这样，与其用爱的名义不断阻止他（她）想做的事，不如理解他（她），尊重他（她），支持他（她），和他（她）一起共进退，更能让对方对你产生强烈的信赖感，而这份信赖，也恰恰是一份幸福婚姻所必需的。

理解与尊重是基于你的了解，并非放纵，因此，平时就应该和爱人保持良好的沟通，或是通过别的方式了解对方的状态。理解与尊重，也就意味着你愿意担当一份责任。

第十五章

1 分钟打动面试官：实话巧说赢得对方好感

在如同千军万马过独木桥的就业形势下，如何才能在极短的时间内打动面试官，让他们决定录用你，从而找到令自己满意的工作？这里提供一些与面试官沟通的方法和技巧，希望能够帮到你。

用自信叩响成功之门

面试的沟通从你开门进入面试会议室的那一刻就已经开始了，你的一言一行都向面试官传递着信息。

其实，面试就是面对面的考官对你的一个考查，通过你的言行举止来判断你的为人处世的能力，包括你的语言表达能力、应急应变能力、分析能力、合作能力、抗压能力等。因此，在面试很短的时间内，你如何给考官留下最好的印象，各种能力尽可能的表现出来，并得到考官的认可，拿到一个高分呢？影响因素有很多，但是在这里我想强调的一点，那就是，你表现出来的自信绝对会对你的分数有很大的影响。

现实生活中，有不少人刚进入面试时大都表现得过于紧张，导致与面试官的沟通没有达到预期的效果，其中不乏有能力、有才华者为此痛失良机。

小海求职意向首选是国际四大会计师事务所，经过层层筛选，他如愿进入普华永道的最后一轮面试，也就是要去见事务所的合伙人。能在数千大军中杀到见合伙人已经实数不易。

然而，小海特别紧张。在见普华的合伙人时，他叫错了对方的名字，并且临走时把包忘在了合伙人的办公室里。加之，由于是英文面试，他重复一个英文单词数遍，惟恐对方听不清楚，直至那位合伙人亲自打断并说明他已经明白了小海的意思。小海这才明白该适可而止。结果是这家国际一流的会计公司在最后面试时将他拒之门外。

从上面的小插曲中可以看出小海同学精神紧张，缺乏自信，跌倒在自己最想去的公司前。

自信的人往往说话有十足的底气，将其展现于主考官面前，才有说服力使他相信你的能力和决心，放心把工作交给你。

　　毕业于某省外贸学校的娟娟，是一个品学兼优的学生，虽说由于家境贫寒，她不得不选择上中专，但在校期间她几乎把所有的精力都花在了学业上，不仅拿到了大学英语六级证书，还获得了自学考试英语专业的大专文凭。

　　娟娟还有股子"初生牛犊不怕虎"的劲头，她听说省里一家进出口公司招聘本科的毕业生，便带上材料前去应聘，到场以后才知道她去的当天已经进入最后的面试阶段。但她还是硬着头皮坐了下来，一直等到面试的学生全部走完，她才推开门进去。

　　"对不起，面试已经结束了。"一位女士拦住她。

　　"不，还少我一个。"娟娟从容而镇静地说。

　　"你叫什么名字？"那位女士边查看名单边问。

　　"您不用找了，名单里没有我，我叫×娟娟，是外贸学校的，给你们送过材料。"

　　"对不起，除了两所重点大学的，其他学校我们没通知。"

　　"既然我来了，就请给我一次机会，可以吗？面试结果怎么样我都会欣然接受，最重要的是我真的很想通过这次机会测试一下自己的能力。"娟娟带有央求的语气中透着几许执著。

　　这时，从里间走出一个戴眼睛的中年男士，娟娟赶忙迎上前去，用英语说道："您好李总，我在省政府门口的宣传栏里见过您的照片，您是省十佳青年企业家。我叫×娟娟，是省外贸学校来应聘的。"

　　"外贸学校的？口语不错嘛，进来吧，我们聊聊。"经过十几分钟的交谈，两天后，李涓成为公司唯一通过自荐而被录用的中专生。

　　足够自信可让人对你更加让人信服。试想一下，一个人连自己都不相信，总是一副唯唯诺诺的表情，那别人还有什么理由去相信你是一个有能力的人呢？所以我们都要表现出足够的自信。

　　因此，我们应该自信一点，正如故事中的娟娟一样不卑不亢、自然大方

的走入面试考场，面对考官的种种提问，也能对答如流，这会让对方对你产生第一好感。

下面我们来分享一个短期提升自己在面试时能够自信的小妙招。

1.提前踩点

提早到达面试地点将会是很大的优势。你会对公司的特点有大概的了解。舒适而放松地在那儿坐一会儿吧。在提早的那段时间里，你可以放松一下，同时对即将面临的面试做好思想准备。如果条件允许的话，你还可以借此机会与面试官小聊一会儿"热热身"。

2.想象自己成功了

随便走走，就好像你已经属于那家公司了一样。假如你看上去就像属于那家公司了一样，别人也会更容易想象你已经在那儿工作了的样子。

想象你这样走进面试官的办公室：你身板站直、肩膀舒展、身体平衡、步调自信、双手随意在两侧摆动，同时面带微笑，与面试官侃侃而谈。

3.坐姿要笔直

假如你可以自行选择坐的地方，选个硬靠背的椅子，别选择沙发。否则你会沉在沙发里，难以表现严谨的形象。

你应该笔直而又舒适地坐着，让你的脚平放在地上，身体轻微向前倾。稍微坐近一点以便于更好地交流，但不要坐得太近，那样会显得对别人的个人空间充满侵略性。

4.做好眼神交流

恰当的眼神交流是在初次见面时在双方之间建立信任的手段之一。你应该直视对方的眼睛，当然，不要盯着对方。

在面试全程中，你都需要和对方进行眼神交流。假如一个紧张的求职者不敢于进行眼神交流，那会不断地暴露出他的紧张情绪。面试官会认为那些不敢和他眼神交流的人不喜欢他、害怕责任，或者将来也不能与同事和顾客很好地建立关系。

有备无患：充分准备让你在面试中脱颖而出

　　简历投递出去了，人力资源部的面试通知也接到了，是不是就数着日子，等着去面试了呢？当然不是。其实简历在面试过程中，只是个敲门砖而已，进了门该如何与面试官沟通才是真正的决定你是否被录用的关键所在。

　　求职时，最沮丧的事莫过于面试被刷，一切都安排得妥妥当当，结果"临门一脚"出界了。面试的成败与否，并不完全取决于现场的表现，前期的准备是否充足，是否有针对性。

　　小李在中信集团总部面试时，面试官问他对中信了解多少。他想了半分钟然后说道：我接到面试时还没来得及查看中信的资料，所以不太了解。面试官对他说："我们招人自然希望他能了解中信。你还是回去再多了解了解吧。"

　　语言沟通是一切沟通中的首选，也是一种最重要的手段。一段好的语言沟通可以使气氛变得很融洽，使沟通双方更容易融入到沟通的主题中，从而利于沟通目的的实现并取得实质性进展。

　　因此，作为应聘者，应该在充分了解所应聘公司和岗位及面试官的人才取向的基础上有针对性的进行准备。如一些常规性问题及答案要做到心中有数，对于自我介绍中英文、职业生涯规划、应聘单位的背景、主营业务和发展动态、自己经历过的成功和失败的例子、自己的优势或劣势、想问的问题等也应该了如指掌。有了充分的准备，大多数应聘者都可以应付自如，使面试沟通顺利进行。

　　小李对用人单位缺乏了解，回答不出常规问题，最终的命运只能是淘汰出局。一个人要想在面试中脱颖而出，给招聘人员留下深刻的印象，就要做到知己知彼，对自己和用人单位都有客观的认识。求职应聘，是一个了解自己、了

解用人单位，向用人单位展示自己能力与素质的面对面的接触。只有做好了充分的准备，才能用真才实学赢得考官的赏识，为自己铺就成功之路。

霖霖在应聘某商城有限公司之前，先特意到该商城有限公司设在学校附近的超市进行了一番考察，对公司的经营理念、市场定位、目前规模和发展目标有了相当的了解，从公司的宣传栏里了解到了比较详细的背景资料。接着，又上网查阅了许多关于该商城有限公司的以及其他国内外连锁经营的管理知识。在此基础上，他还认真总结整理出一份"管中窥豹，我对××商城公司的几点建议"。面试由公司人力资源部的张总主持，第一个问题便是："你对我公司有多少了解？"

考场内鸦雀无声，而霖霖却暗自庆幸："头筹非我莫属"，果不其然，当他对公司的一番陈述并递上"九点建议"的时候，张总连连对他点头，最终他从二十多个竞聘者中脱颖而出。

"凡事预则立，不预则废。""机遇只偏爱那些有准备的头脑。"诚然，面对日趋激烈的择业竞争，面对用人单位越来越挑剔的眼光，应聘面试前一定要做好充分的准备，这是所有面试成功者共同的体验。

1.要充分了解自己

现在社会上的招聘信息满天飞，提供的职位也是各种各样。有些人就被这些东西搞得晕头转向。不知道自己适合哪一行业，哪一职位。他们觉得这个可以，那个也行，具体的就拿不准了。为什么会出现这种情况呢？其中最主要的原因就是不了解自己。不知道自己的优点和不足，才导致这种情况的出现。所以在应聘之前必须要对自己进行深刻的自我剖析，这样才不致于出现面对众多的招聘信息不知所措的情况。同时，也不致于在考官问及"对个人职业定位"之类的问题时，出现不知该如何回答而导致冷场的局面。

2.要对你所竞聘的公司做充分的调查

比如说公司的性质，是私营还是国有还是外企；公司近几年运作的情况；公司的文化；公司的运行规则（即规章制度）。这些都是你在面试之前需要弄清楚的问题。公司所在行业近几年的发展情况以及之后几年的发展趋势。该行业的行业标准以及纳贤的潜在的规测。了解一个企业对你在面试事考官提出的问题有所帮助，因为考官问的问题大多是和公司有关的问题。

3.要了解你所竞聘岗位的岗位标准

了解岗位的情况，对你回答考官的问题也是有帮助的。试想一下，如果一个人对他所竞聘的岗位标准都不清楚，公司能让他在里面工作吗？你也许会说现在公司不是有员工培训吗。不错，的确有的公司为了让员工能更好的为公司工作，在员工工作之前会对员工进行培训。但不是所有公司都会对其新招收的员工进行培训，有的公司也没有那个实力为每一个进公司的员工提供培训。

4.要知道自己面试的简历的内容

可能有些人觉得自己写的简历，怎么会不知道简历内容。但有些人的简历是很早以前写的，这次的简历只不过是在以前的简历上做了一定的修改而已，如果在面试前不认真地看看自己的简历，可能会不知道自己简历的具体的内容。有些考官喜欢从个人简历中找考题，如果你不知道你就会按照自己的想法来回答这些问题，你的回答可能与你的简历上不一致，这其中的结果可想而知。所以在面试前，认真地看看简历还是很有必要的。

📚 面试遇"险"，随机应变

对于求职者来说，进入面试阶段，意味着面临最终、最关键的一环——艰苦的求职马拉松，只剩最后100米冲刺。虽然专业知识对面试成败起着关键作用，不过求职者所呈现出的应变能力在面试中也同样具备十足的杀伤力，任何面试的"意外"都有可能降临到你身边。

面对突发事件，头脑要清醒，不要被眼前的情景所迷惑，要迅速弄清什么才是自己真正面临的问题。否则，一旦掉进考官的"言语陷阱"，后果将苦不堪言。

　　琳琳一心想进入某知名咨询公司，在遭到拒绝后，转而将目标锁定于其他六家发展前景还可以的公司。最后，只有一家给了她面试邀请。原本此机会已是弥足珍贵，但面试中，考官突然问到她还投递了哪些单位时，琳琳将她投递过的单位如数家珍般一股脑儿兜出，表现了极强的兴趣。但她就是没有表现出对所面试公司的兴趣。此情此景下，考官也只能心寒地将她拒之门外。

　　面试，双方玩的其实是一场心理游戏。通常情况下，考官为了选人不失误，很可能会在面试中设置种种"关卡"，以考量你的智慧、性格、应变能力和心理承受能力。而面试者只有识破这样的"语言陷阱"，并学会用语言巧妙地摆脱这些陷阱，才能反过来操纵考官的心理，小心巧妙地绕开陷阱，不致于一头栽进去。

　　试想，如果琳琳机智地识别出考官的"别有用心"，在真实说出自己还投了那些单位后，不是谈自己对那些单位的兴趣，而是表明在这些选择之间她对所面试公司情有独钟，并且能够用足够的理由说服对方认为她说的话是真实的，那么琳琳今天很可能已经是那家公司的一员了。

　　毕业生小雨到一家公司应聘，接连几轮面试都一路顺利过关，最后一轮面试，公司的副总当考官，问了一大堆问题后，突然对他说："对不起，我们公司不需要学中文的。"

　　小雨听了差点没晕过去，心想："你问了我一堆问题都没难住我，现在又说不需要学中文的，这不是成心要我吗！"转而一想，不对头，这可能是个"圈套"！于是，他微笑着对那位副总说："虽然我无缘成为贵公司的一员，但我仍然十分感谢您给了我这次宝贵的面试机会。如果可以的话，请您指出我的不足之处，以便我以后加以改正。"

　　这时，那位副总紧绷的脸上绽出了笑容，走上前握住小李的手说："小伙子，公司欢迎你！"

　　招聘单位面试应聘者，目的是考察应试者各方面的素质。面试的方式以及所涉及的问题通常会有一些共性东西，但是，由于应聘对象的不同，单位需要人才的规格要求不同，招聘面试时考官也常常采取一些另类的方式，提出一些出乎意料的问题。这时，成功的机遇往往在于机敏的应对。

所以，在面试的过程中，应聘者传递的信息应该具有建设性。沟通的目的是促进沟通双方的信息传播，态度、观念的转变以及可能采取的行动。因此，沟通中不仅要考虑所表达的信息要清晰、简明、准确、完整，还要考虑信息接受方的态度和接受程度，力求通过沟通使面试官在充分理解自己表达的观点的基础上能够认同并接受自己的观点。

有鉴于此，针对不同的语言陷阱，求职者可以以不同的方式回答。

1.用"激将法"遮蔽的语言陷阱

这是面试官用来淘汰大部分应聘者的惯用手法。采用这种手法的面试官，往往在提问之前就会用怀疑、尖锐、咄咄逼人的眼神逼视对方，先令对方心理防线步步溃退，然后冷不防用一个明显不友好的发问激怒对方。面对这样的发问，如何接招儿呢？我们通过以下几个对话来说明。

如果对方说："你经历太单纯，而我们需要的是社会经验丰富的人。"

你可以微笑着回答："我确信如我有缘加盟贵公司，我将会很快成为社会经验丰富的人，我希望自己有这样一段经历。"

如果对方说："你性格过于内向，这恐怕与我们的职业不合适。"

你可以微笑着回答："据说内向的人往往具有专心致志、锲而不舍的品质，另外我善于倾听，因为我感到应把发言机会多多地留给别人。"

如果对方说："我们需要名牌院校的毕业生，你并非毕业于名牌院校。"

你可以幽默地说："听说比尔·盖茨也未毕业于哈佛大学。"

如果对方说："你的专业怎么与所申请的职位不对口？"

你可以巧妙地回答："据说，21世纪最抢手的就是复合型人才，而外行的灵感也许会超过内行，因为他们没有思维定式，没有条条框框。"

对于上述问题，你若结结巴巴，无言以对，抑或怒形于色，据理力争，脸红脖粗，那就掉进了对方所设的圈套。应聘者碰到此种情况，要头脑冷静，明白对方在"做戏"，不必与他较劲。

2.挑战式的语言陷阱

这类提问的特点是，从求职者最薄弱的地方入手。

对于应届毕业生，面试官会设问："你的相关工作经验比较欠缺，你怎么看？"

对于女大学生，面试官也许会设问："女性常常会对自己的能力缺乏自信，你怎么看？"

如果回答："不见得吧""我看未必"或"完全不是这么回事"，那么也许你已经掉进陷阱了，因为对方希望听到的是你对这个问题的看法，而不是简单、生硬的反驳。

对于这样的问题，你可以用"这样的说法未必全对""这样的看法值得探讨""这样的说法有一定的道理，但我恐怕不能完全接受"为开场白，然后婉转地表达自己的不同意见。

3.诱导式的语言陷阱

这类问题的特点是，面试官往往设定一个特定的背景条件，诱导对方做出错误的回答，因为也许任何一种回答都不能让对方满意。这时候，你的回答就需要用模糊语言来表示。

如："依你现在的水平，恐怕能找到比我们企业更好的公司吧？"

如果你的答案是"是"，那么说明你这个人也许脚踏两只船，"身在曹营心在汉"。如果你回答"不是"，又会说明你对自己缺少自信或者你的能力有问题。

对这类问题可以先用"不可一概而论"作为开头，然后回答："或许我能找到比贵公司更好的企业，但别的企业或许在人才培养方面不如贵公司重视，机会也不如贵公司多；或许我能找到更好的企业，我想，珍惜已有的最为重要。"这样的回答，其实你是把一个"模糊"的答案抛还给了面试官。

4.测试式的语言陷阱

这类问题的特点是虚构一种情况，然后让求职者做出回答。比如"今天参加面试的有近10位候选人，如何证明你是最优秀的？"这类问题往往是考查求职者随机应变的能力。无论你给自己列举多少优点，别人总有你也许没有的优点，因此正面回答这样的问题毫无意义。你可以从正面绕开，从侧面回答这个问题。

你可以回答说："对于这一点，可能要因具体情况而论，比如贵公司现在所需要的是行政管理方面的人才，虽然前来应聘的都是这方面的对口人才，但我深信我在大学期间当学生干部和主持社团工作的经历已经为我打下了扎实的基础，这也是我自认为比较突出的一点。"这样的回答可以说比较圆滑，很难让对方抓住把柄，再度反击。

5."引君入瓮"式的语言陷阱

在各种语言陷阱中，最难提防、最具危险的，可能要算"引君入瓮"式的语言陷阱。

比如，你正要从一家公司跳槽去另一家公司。面试官问你："你们的领导是不是很难相处啊，要不然，你为什么跳槽？"也许他的猜测正是你要跳槽的原因，即使这样，你也切记不要被这种同情的语气所迷惑，更不要顺着杆子往上爬。如果你愤怒地抨击你的领导或者义愤填膺地控诉你所在的公司，那么你一定完了，因为这样不但暴露了你的不宽容，还暴露了你的狭隘。

寻找恰当时机，巧谈薪资待遇问题

如何谈薪酬？这个问题一直是求职和招聘双方沟通、洽谈的焦点话题，同时也是个敏感话题。求职者是否可以与面试官大大方方谈薪酬呢？当被问及薪酬问题，该如何回答呢？我们来举例说明。

在某场招聘会上，娜娜正和一家公司的招聘者进行对话。

"听了你的介绍，觉得你各方面条件和我们的职位要求还是比较符合

的。最后我想请问一下，你对薪资的要求是多少？"招聘官问。

娜娜支支吾吾了半晌，最后说："薪资不是我的首要考虑因素，我更看重的是贵公司的发展前景。"

招聘者说："那么好，我们下周一会通知你来公司面试。"

一周后，公司通知娜娜复试，复试顺利通过后，面试官让应聘者签约，并告知薪资数目。而此时应聘者表示，公司开出的薪资太低，出乎自己预料，不能接受，最后双方不欢而散。

那么这个问题出在哪呢？很多公司的招聘官都遇到过上述问题。在首次面谈时，很多求职者都诚恳地表示"薪酬不是最主要的，最看好公司的发展，看好公司的培训、晋升机会"，然而等到准备签约时，求职者又会对公司提供的薪酬表示不满，导致双方招聘、求职成本的浪费，让求职者及招聘公司都很苦恼。如今的求职者，特别是大学应届毕业生似乎有这样一个普遍的误解，认为一个优秀的求职者不应该看重金钱，而应更看重事业前途。因此被问及薪酬时都闪烁其词，但一到真正签约，就因为不得不考虑实际问题而退缩了。

求职者对于"薪酬问题"应该直言不讳。薪酬是求职目标中很关键的一部分，谈薪是求职过程中的重要步骤，完全不需回避。不妨大胆说出你的期望薪酬，当然，这需要恰当的时机。

比如，有些应聘者一见面就急着问："你们的工资有没有3000元每个月？""你们包吃住吗？"这会让对方十分反感，而且会让对方产生"工作还没开始就先提条件，何况我还没说要你呢"这样不好的想法。谈论报酬待遇是你的权利，这无可厚非，关键要看准时机，等双方都比较有意向的时候再谈最好。若面试官始终没有提到薪酬问题，也可以在对自己成功应聘较有把握的情况下，选个恰当的时机询问。

当然，也不排除有些面试官询问薪酬是"另有目的"。比如他想要了解你是看重薪酬还是企业的发展机会和工作平台，因为一味看重薪酬的人比较容易跳槽。对此，你可以这样回答："我比较看重该职位的发展和晋升机会，薪资多少并不重要，重要的是我的工作能力和专业知识是不是贵公司所需要的，我是否能为公司赢取更大的利益。"然后顺势将话题由薪金转到展示你以往突出的工作成绩、自身良好的综合素质以及你能为公司做贡献的专业领域上来。

某中高级人才洽谈会现场，辰辰应聘某制造型企业"销售工程师"一职，招聘双方就薪资问题展开了对话。

面试官问："请问你前一份工作的薪酬是多少？这次跳槽，期望薪酬又是多少？"

辰辰略加思索后爽快地回答说："我上一份工作的薪酬是每月6000元左右，如果这次应聘成功，我希望不久后能提升为销售主管，带领4~5人的团队，月薪包括底薪和销售业绩提成平均能达到7000~8000元。"

考官笑了笑，尽管略有些高，但还可以商量，于是决定录用他。

其实，每个雇主在询问求职者期望薪酬之前，心里已经有了大致的给付标准，他们会根据求职者的回答，在这个范围内灵活调整。当求职者给出期望薪酬后，雇主往往会直接选取底线的价格。因此对求职者来说，一方面给出的薪酬底线要高于实际期望值，另外一方面，要注意保持薪酬的灵活性。

辰辰在回答考官薪酬这一问题的时候，用7000—8000元这样一个较大的区间来回答。辰辰这个回答既表明了自己的立场，又让考官觉得可以接受，还为自己留出了讨价还价的空间，实在是明智之举。试想一下，假如辰辰直接提出7000元，恐怕会委屈自己，如果直接提出8000元，又会让考官产生你的标准过高的心理。

对于薪酬问题，应聘者在于考官沟通、洽谈的过程中，还应该注意以下几点。

1.不要虚报目前收入

许多公司有简历审查的程序，会让录取员工拿出原先单位的工资单以做核实。因此，在说明目前薪水时，要尽量做到真实。

2.给出整个薪资结构

谈薪资最好的方法是对以前以及将来的薪资结构进行解说。比如说，以前的6000元收入，是包括1500元的基本工资，几百元的房贴、车贴，再加上3000元左右的销售提成；本次跳槽希望能有2000元以上的基本工资，由于自己拥有丰富的客户资源，相信提成加上福利能达到6000元以上。这样面试官就不会在简历上简单地写下"6000元"的期望薪酬，而会写"2000元＋提成"，这样被公司认可的可能性较高。

3.了解行业整体薪酬

不同行业、特定时期的人才市场景气状况直接影响到员工的薪资待遇，求职者应在面试前对行业薪酬进行了解。在有条件的情况下，尽可能通过各种渠道了解一下你所应聘公司、应聘岗位的大致薪酬情况，并结合自己的心理期望底线，确定一个薪酬范围。此外，一般来说，拥有3～6年工作经验的求职者，跳槽后加薪幅度一般在20～30％左右。权衡多方因素，才能给出公司能够接受的薪资数额。

充分展现你的个人优势

查看应聘者的能力是用人单位面试时的一项重要内容，看是不是与材料中所评价的一样。而察看能力也只能从较为简短的回答中进行，因此，在回答主考官提出的一些问题——可能就是考察你的能力如何的问题时，一定要充分表现出你的个人优势来。

1.表现专业

在回答某些专业的问题上，适当地用上一些专业术语，使主考官感觉你对这领域有一定的认识。

2.略加发挥

对一些问题，即使已圆满回答，不妨略加发挥，使你回答的"深度"超出主考官的预期。

在一次选"青春形象大使"的征选决赛中，为了测试参赛小姐的思维速度和应用技巧，主持人提出了这样一个难题："假如你必须在肖邦和希特勒两个人中间，选择一个作为终身伴侣的话，你会选一哪一个呢？"

其中有一位参赛小姐是这样回答的："我会选择希特勒。如果嫁给希特勒的话，我相信我能够感化他，那么第二次世界大战就不会发生了，也不会有那么多的人家破人亡。"

这位小姐的巧妙回答赢得了人们的掌声。因为这个问题的难度较大，如果回答"选择肖邦"，则答案没有特色，显得平淡；如果回答"选择希特勒"，则很难给予合理的解释。那位小姐的选择出人意料，又寻出了合理而又充满正义的回答，从而成功地推销了自己，以敏捷、机智给评委和观众留下了深刻的印象。

但这种发挥应点到为止，不宜倾其所有，要让考官意识到你其实还有很多"话"要说即可，不然会让人产生"爱卖弄"的感觉，甚至会认为你是在班门弄斧。

3.体现个性

在许多情况下，个人的个性品质可以弥补技能方面的欠缺，进而使你挤上有望被录取的边缘，甚至击败那些技能优于你、但个人品质不如你的应征者。

一次，某国内知名的女企业家拟从应届毕业生中招聘一名女秘书，招聘信息一传出，引来上百名毕业生应聘。

最后一轮面试由总经理亲自考核，在三楼总经理办公室进行。应聘考生在门外等候时叽叽喳喳，秩序十分混乱。这时，一位考生趁面试的间隙主动向总经理提出帮助维持秩序。得到允许后，她立即向大家宣布，请应聘考生到二楼等候，按顺序依次参加面试。于是，招聘现场变得安静而有序，总经理十分满意，最后被录用的秘书，正是这位主动维持秩序的女生。

4.把握发问机会

通常是在面试结束的时候，主考官会问你有什么问题要问，这不仅仅是一种礼貌和客套，其含意更深。根据调查显示，90%的主管在面试求职者时，希望你能提出问题，这是个再次展示能力的好机会。

不过，需要注意的是，千万别问待遇、红利等有关自身利益的问题，而是问及一些有关用人单位存在的某些问题，面试前你有过充分准备并预设有答案的问题。比如：可以问公司的某件产品质量好、价钱适宜却又未能打开市场的问题，一旦你如此发问，考官可能会立即来了兴趣，说明你对该公司作过详细了解，他或许会问："你认为是什么原因？"当你做出正确分析时，会给他留下深刻印象，即使前面对你否定了，这时或许也要重新考虑。

总而言之，面试是一种程序简单而过程又极为重要的沟通模式，每一个细节都会直接决定候选人能否通过，进而影响其职业发展。因此，在面试沟通中我们一定要注意面试官问题背后的心理动机，并懂得适时展现个人的优势，这样才会使沟通更有效更成功。无论是刚步入社会的大学生还是久经沙场的求职人员，如果能够掌握面试沟通中各个环节的关键技巧，并结合自身实际得以发挥，相信这定会为自身实力插上翅膀飞得更高。

第十六章

借"曲径"以"通幽"：与领导交流宜委婉不宜直白

在工作中，与领导关系不融洽，上下紧张、发生摩擦，不顺心，受压抑，是职场人跳槽的一个重要原因。下属要赢得领导的信赖，很重要的一点就是要懂得把握对方心理，在此基础上选择适宜的沟通、交流方式。

直言如利刃，伤人还伤己

从理论的角度来看，"直言直语"可以说是人性中一种很可爱、很值得大家珍惜的特质，因为也唯有这种直言直语的人，才能让是非得以分明，让正义邪恶得以分明，让美和丑得以分明，让人的优缺点得以分明。但放到现实中，"直言直语"却是一个人的致命伤。

以职场为例，当你不顾场合，口无遮拦指出领导在工作中的失误，即使我们的直言直语的出发点是好的，那些犀利的言辞也会给领导造成伤害，无形中给自己树立起敌人。

阳阳是一公司的员工，他的心地是公认的"好"，但却与领导相处得不是怎么好，主要的原因就是其直言不讳的作风。

比如说，有一次，他的直接领导李经理在工作中出现了失误，他就当着众人的面指责对方这做得不太好、那做得不是很恰当。当然，他这么说并非是为了彰显自己多么有能耐，而是希望领导能够认识到自身的错误。可是，这样的指责让领导在众人面前下不了台，丢尽颜面，因此，李经理都对他心有怨言，渐渐冷落了他。

还有一次，公司召开中层以上领导会议，在会议上，张总说错了一个数据，细心的阳阳立刻站起来纠正，弄得张总脸红脖子粗。后来，张总也疏远了他。

沟通是一种复杂的心理交往，而每个人的微妙心理、自尊心往往在里面起着重要的控制作用，稍微触及它，就有可能产生不愉快。对于领导而言，直言直语最容易伤到对方的自尊心，因为你的直言直语往往都是直指对方的错误，而这些都是对方避讳的东西。你不顾及对方的感受而当面指出他的错误，自然会让对方感到难堪。长此以往，不管你是否出于好心，一样都不会受到领导的器重。就像故事中的阳阳一样，总是直言直语，不加修饰，于是严重地影响了他的与领导之间的关系。

喜欢直言直语的人往往只考虑到自己的"不吐不快"，而不去考虑旁人的立场、观念、性格。这些人的话有可能一派胡言，但也有可能鞭辟入里；一派胡言的"直言直语"，对方明知，但碍于情面，又不好当面指出，只好把这些都闷在心里。鞭辟入里的直言直语因为直指核心，当事人只好采取自我防卫的措施，若招架不住，恐怕就怀恨在心了。所以，直言直语不论是对人或对事，都有可能让人受不了，于是人际关系就出现了阻碍，别人宁可离你远远的，那就想办法把你赶得远远的，眼不见为净，耳不听为静。

喜欢直言直语的人一般都具有"正义倾向"的性格，言语的爆发力、杀伤力也很强，所以这种人也时常会被别人利用，例如：鼓动你去揭发某事的不法，去攻击某人的不公。不管成效如何，这种人总要成为牺牲品，因为成效好，鼓动你的人坐享战果，你分享不到多少；而且你还会成为别人的眼中钉，成为他人的报复对象。

所以，直言直语往往是一把伤人又伤己的双面利刃，而不是劈荆斩棘的"开山刀"，有这种直言直语个性的人应深思，并且从以下两个方面加以纠正。

第一，对人方面，少直言指出领导处事的不当，或纠正领导性格上的弱点这不会被认作"爱之深，责之切"，而会被看作故意和他过意不去；而且，你的直言直语很难深入领导的内心，因为每个人都有一个内心的堡垒，"自我"便缩藏在里面，你的直言直语恰好把他的堡垒攻破，把他从堡垒里揪出来，试想一下，这样领导会高兴吗？

第二，对事方面，少去直截了当地指责其中的不当。事是人计划的、人做的，因此批评"事"的同时也就批评了人，所谓"对事不对人"，这只是"障耳法"，直言直语只会给自己招来一大堆麻烦。因此，最好迂回地讲，点到为止地讲，这样对方会容易接受。

委婉是一种颇有奇效的黏合剂

身在职场，当你的意见与领导相左时，据理力争会引起领导对你的不悦，但一味顺从也并没有好果子吃。如果只知顺从，当出现问题时，你的领导却推卸责任，那么你就惨啦！如果领导错误的想法贯穿于未来的工作方针，那你一味隐忍更是错，工作开展不了，部门出不了成绩，大家都得跟你一起遭罪。

晓婷是做专业技术分析的，因为最近一项工作，她跟领导的意见有分歧，导致整个工作都被耽搁了。

上周，晓婷要负责公司一个项目的技术鉴定，但她觉得做这个项目难度很高，根本不值得做，而碍于情面，并没有将自己的意见提出来。

在部门领导看来，做好这个项目，部门能交出一份漂亮的成绩单。为此让部门的所有同事都行动起来，继续这个花费很大的项目。

晓婷想到公司可能会亏损很着急，但如果她就这件事继续跟领导争论，处理不好可能会连饭碗都没了。她想了半天，觉得自己干脆选择不管不顾了事。

但又不可能不管，领导三番五次找她要每个细节的具体分析，因为晓婷内心不看好这个项目，也不赞成领导的做法，所以做事就很不情愿，总是把分析结果拖到最后才交。最终这个项目还是做了，但是由于晓婷的抗拒把项目分析拖延了，导致项目的经费更为庞大。

这个项目做完后，晓婷被看作是消极怠工分子，而且领导对她这次表现非常不满，晓婷自己心里也很郁闷。她实在不知道自己的职场道路该怎么走下去。

其实，在职场上，很多人都跟晓婷一样，会在具体事情的决策上与领导发生分歧。试想一下，如果晓婷不能提供一个即刻奏效的办法，至少应提出一些对解决问题有参考价值的看法。这样领导会真切地感受到她是在为公司着想。如果只是心里觉得工作有难度，同时又碍于领导的权威，一味地在顺从中忍受，领导难免会觉得她是在找托辞。此外，即使受到了极大的委屈，也不可把这些情绪带到工作中来。

我们再来看一个案例。

唐宣宗时，宰相令狐陶经多方考察认为四川的李远是个作风正派、精通经史、治国有术的人才，应当委以重任。一天，他趁宣宗登楼远眺之时，向宣宗推荐李远任杭州刺史。不料宣宗却不采纳，说："此人终日饮酒下棋，不务正业，如果把杭州交到这样一个人手里，岂不是负了朝廷，误了百姓！"

令狐陶说道："陛下，这句话从何说起？"

宣宗说："他不是在一首诗中说'青山不厌千杯酒，长日惟消一局棋'吗？这样玩世不恭的态度，怎么能够治理好杭州呢？"

令狐陶说道："陛下言之有理，一个终日喝酒下棋的人，是不堪委以重任的。"见皇帝脸上露出满意的神色，令狐陶又说，"不过李远只是写诗罢了，只是想借此表示自己的高雅，其实他并不是这样一个人。"

宣宗说："你说得不对，古人早就说过'诗言志'，他既然能写出这样的诗来，就必然有这样的行为！"

令狐陶随即将话题转移到大诗人李白身上，说："陛下，李太白可是有名的诗仙，当年他有一首诗说：'太白与我语，为我开天关。愿乘暖风去，直出浮云间。'若非神仙，何得如此？"

宣宗笑道："哪会呢，只不过是写诗罢了。"

令狐陶立即接口说："陛下英明，李远也只不过写诗而已。"

宣宗这才恍然大悟，说道："嗯，爱卿言之有理，就让他到杭州去试试吧。"

在这里，首先令狐陶直言进谏，宣宗不许，随后令狐陶假装称赞，赢取皇上的欢心。话锋一转，讲实际情况，宣宗随即批驳。令狐陶找到了缘由，

通过吟诗引出争论，抓住宣宗的自相矛盾的观点，终于说服了宣宗。

上述两个案例一正一反，从中我们不难看出，在与领导沟通的过程中，委婉是一种颇有奇效的黏合剂。在很多时候，比起一味地顺从或直截了当、口无遮拦地提出建议，委婉的含蓄更能体现出一个人的语言修养，也更易消除分歧，让对方容易接受并答应将你的建议或意见付诸实践。

精于"诱导"，让对方不知不觉跟着你走

每个人都好面子，领导更是如此。通常情况下，领导都是通过下属对待自己的态度，来作为评价下属是否尊重自己的重要指标。在某些情况下，如果不给领导留面子，轻者会被领导批评或大骂一番，甚至遭到素质不高，心胸狭窄之人可能会遭到打击报复，从而影响到事业发展。由此可见，职场中能否给领导留足面子很重要。

因此，作为下属，与领导沟通、交流时一定要注意措辞，既要遵守职业场合的要求，也要充分尊重领导的意见。

楠楠年轻干练、活泼开朗，入行不几年，职位"噌噌"地往上升，很快成为单位里的得力干将。几天前，新领导刚走马上任就把楠楠叫了过去说："楠楠，你经验丰富，能力又强，这里有个新项目，你就多费心盯一盯吧！"

受到新领导的重用，楠楠自然是欢欣鼓舞。恰好这天要去上海某周边城市谈判，楠楠一合计，一行好几个人，坐公交车不方便，人也受累，会影响谈判效果；打车吧，一辆坐不下，两辆费用又太高；还是包一辆车好，经济又实惠。

主意定了，楠楠却没有直接去办理。几年的职场生涯让她懂得，遇事向领导汇报一声是绝对必要的。于是，楠楠来到领导跟前。

"领导，您看，我们今天要出去，"楠楠把几种方案的利弊分析了一

番，接着说，"所以呢，我决定包一辆车去！"

汇报完毕，楠楠发现领导的脸不知道什么时候"黑"了下来。他生硬地说："是吗？可是我认为这个方案不太好，你们还是买票坐长途车去吧！"楠楠愣住了，她万万没想到，一个如此合情合理的建议竟然被打了"回票"。

楠楠凡事多向领导汇报的意识是很可贵的，错就错在说话措辞不当，因为楠楠说的是："我决定包一辆车！"现实中，我们好多人会犯跟楠楠一样的错误。在领导面前，说"我决定如何如何"是最犯忌讳的。不要代替对方做决定，要引导对方说出你的决定。没有人喜欢强迫遵照命令行事，尤其是你的领导！

想让对方不知不觉地跟着你走，不仅取决于沟通内容本身的合理性，还往往取决于你提出建议的方式。

有一次，楚庄王十分喜爱的一匹马因长得太肥而死了。庄王竟命令全体大臣致哀，要用棺椁装殓，还要用大夫礼节隆重举行葬礼。文武百官纷纷劝他别这样做，楚王十分反感，下令说："谁敢为葬马的事来劝说我，格杀勿论！"众大臣都惊惧得不敢说话了。

优孟听到这事，十分痛心，号啕大哭进入王宫。楚王问他为什么哭。优孟回答说："我是为葬马的事儿哭呢！那匹死去的马，是大王最心爱的。像楚国这样一个堂堂大国，却只以大夫的葬礼来办丧事，实在太轻慢了。一定要用国王的葬礼葬马才像样呢！"

楚庄王问道："那你觉得应该怎样安排好呢？"

优孟回答说："依我看，应该用美玉做马的棺材，再调动大批军队，发动全城百姓，为马建造高贵华丽的坟墓。到出殡那天，要让齐国、赵国的使节在前面开路；让韩国、魏国的使节护送灵柩。然后，还要追封死去的马为万户侯，为它建造祠庙，让马的灵魂长年接受封地百姓的供奉。这样，天下所有的人才会知道，原来大王是真正爱马胜过一切的。"

楚庄王顿时明白过来，非常惭愧地说："我是这样地重马轻人吗？我的

过错可真的是不小呀！你看我该怎么办才好呢？"

优孟心中高兴了，趁着楚庄王省悟过来的机会，他俏皮地回答说："太好办了。我建议，以炉灶为椁，大铜锅为棺，放进花椒佐料、生姜桂皮，把火烧得旺旺的，让马肉煮得香喷喷的，然后全部填进大家的肚子里就是了。"

一席话说得楚庄王也哈哈大笑起来。从此他也改变了原来爱马的方式，把那些养在厅堂里的马全都交给将士们使用，那些马也得以经风雨、见世面，锻炼得强壮矫健。

优孟因势利导向楚庄王进谏，收到良好的效果，对我们学会对领导提出建议也不无启发。

优孟称赞、礼颂楚庄王"贵马"精神的后面烘托出另一种相反的又正是劝谏的真意——讽刺楚王"贱人"的昏庸举动，从而促使楚王改变自己的决定。让所有的事态沿着自己的预定目的走，是高超语言技巧的展现。

向领导提建议时往往有说不下去的情况，但切忌死说硬劝，这样必然会适得其反，走入死胡同。如果此时注意一下措辞，找到能引起对方兴趣的话题，通过精心"诱导"来创造浓烈的沟通气氛，让对方不知不觉跟着你走，这样能为说服对方打下良好的基础。

给领导一个台阶下，加薪指日可待

职场中浮浮沉沉，薪水却始终停滞不前，这恐怕是不少白领心中的痛。身处职场中的你，应该如何向领导提出加薪，争取自己应得的利益呢？申请加薪事关重大，没有恰当的沟通方法、技巧，加薪申请可能会成为过眼云烟。

子扬大学刚刚毕业就进入了一家服装设计公司，在进入公司一年的时间里，他工作非常努力，每天第一个到公司，最后一个离开公司，而且业绩也非常不错。但是一年结束了，他的工资一分都没有涨。

眼看其他同事，平时浑浑噩噩，拿的工资比自己还要高，心里越想越不是滋味。有一天，终于遇到了一个机会，公司里面只剩下他和经理两人，于是他就走进了经理的办公室，对经理说："经理，这个月的房租又涨了，菜价也涨了……我想工资是不是也能涨一点儿。"

经理笑着说："别抱怨了，好好工作吧！大家的工资都是一样的！"

子扬本来早就有怨气了，听到经理说出这样的话，更是感觉经理欺人，于是生气地道："真的是一样的吗？我怎么就和大家的不一样呢？大家都是一样的工作，为什么我的工资就要低好多呢？况且我工作比他们都要努力。经验我也有了，业绩也不差，凭什么我的工资就这么低？"

听完子扬的牢骚话，经理脸上青一阵白一阵的，呆呆地望了子扬半天，最后阴沉着脸，低声回答道："我会考虑你的请求的。"说完就离开了办公室，把子扬留在那里。

在这之后，经理对子扬的态度一落千丈，加薪之事更是遥遥无期。

一个职员在工作上是否成功，标志之一就是他的工资收入。但是无论你的表现如何优秀，作为领导，一般都不会主动给你加工资。这个时候你就要主动向领导提出请求。如果你能以婉转含蓄的沟通方式，而不是以严肃刚硬的方式提出要求，往往就能成功地让领导给你加薪。

正如上述故事中，子扬的确是一个优秀的员工，在工作上比一般人都要努力，而且丝毫不比别人逊色，创造的价值也较多。按理说来，提高工资应该是合理请求。然而，子扬提出加薪请求的方式太过直露和激烈，丝毫没有给经理面子，反而给领导留下一个负面的印象，这样就较难获得加薪。如果他能够以心平气和的态度，采取旁敲侧击的方式，给领导一个台阶下，丝毫不伤害他的面子，给他一个自我悔悟的机会，同时也达成自己的目的，何乐而不为呢？

晓晓去一家小酒店应聘，经理告诉他，有两个月的试用期，试用期的底薪是2500元，过了试用期底薪增加500元。晓晓表示可以接受。

转眼间两个月就过去了，晓晓表现得非常出色，继续留下来工作，可是到了第三个月发工资的时候，他拿到的仍然是2500元，他感到非常不满，心想：难道经理骗自己的？

一天，趁中午送饭给经理的时候，晓晓试探性地问："我想请问一下经理，我的试用期过了吗？"

经理奇怪地答道："过啦，早过啦。"

"可是我发现我的工资与试用期的时候是一样的，不是说过了试用期就会加500元的吗？是不是因为我忘记办理正式入职的手续了？"其实，晓晓知道根本就不需要办理什么正式入职手续。

经理的脸上闪过一丝不同寻常的神色，然后说道："竟然有这样的事，肯定是他们弄错了，我跟他们说说，你就放心好好干吧。"果然，等到下次发工资的时候，晓晓如愿得到了涨薪。

在一个单位里面，领导处于主动地位，下属处于被动地位。领导的地位比你高，所以说话的时候，一定要尊重对方，千万不能与他形成敌对的形势。而是要尽可能地多为他着想，即便是他无礼，也要给他留点面子，让他能够从台阶上面走下来，而不是硬要他站得高高的向你投降，这样会让领导感到非常为难，那么你的期望也有可能就会落空了。

第十七章

多一些人情味，才能真正笼络下属的"心"

身为领导者，倘若领导无方，势必会导致团队的分崩离析。聪明的领导者，懂得"以人为本"的理念，注重下属内心的真实想法，了解大家的生活情况、思想情绪、遇到的实际困难，给予必要的鼓励和帮助，以此来激发和调动下属工作的主动性、积极性和创造性，从而使自己团队更具有凝聚力、向心力。

竖起大拇指，给下属做主角的机会

很多领导谈生意、见领导或者参加应酬的时候，很懂得沟通艺术，那些鼓励和表扬的话出口成章，而且在某些场合很善于扮演配角。但是和自己员工在一起的时候，往往不会"艺术"了，因为他们都是在扮演主角，所以很难对自己的员工竖起大拇指由衷地说："你真棒！"或者亲手将队长袖标戴在员工的胳膊上说："上场后，我听你的。"其实，这正是管理和激励的艺术所在。

王总是某销售公司的董事长，和他的朋友老杨都爱踢足球。虽然两人水平都一般，不过，他俩一致认为繁忙的工作让身体渐显老态，于是在两人的倡议下成立了一支足球队。球队的主要成员是他们两家公司喜欢踢球的员工以及几个同行。每次球队集训，老杨都要戴上队长袖标，在球场上大声吆喝。直到球队去参加比赛，他胳膊上依然戴着队长袖标。中场休息的时候，坐在替补席上的王总走过去摘下了他的袖标。

老杨问王总："你要上场？"王总冲他笑了笑没有说话，而是走向其中一名踢得不错的员工，将袖标戴在他的胳膊上说："兄弟，这是为你准备的，下半场所有人听你的。"这名员工很懂足球，并且能够很好地履行队长职责，所以王总的团队下半场踢得明显好于上半场。

事后，王总和老杨私下交流，对他说："在下属心中，领导就是领导，这和带不带队长袖标没关系。就像我主动做替补队员不是因为首发11人都比我踢得好，而是我带员工出来活动，他们才是主角，我甘愿做绿叶。平时在工作中，他们听我的，到了球场我要听他们的。如果一个领导或者领导者伸出食指，东比划一下，西比划一下，员工即使有意见也会保留，因为他们在为你打工。但是从激励员工的角度来说，这无疑是愚蠢的做法。不要以为激励就是某位员工工作出色给予奖励，很多企业管理者都是在工作中用食指指挥员工，只有出现了满意的结果才竖起大拇指表示认可。岂不知很多时候，人之所以能把一件事情做好，是因为在做事之前就看到了竖起的大拇指，这让他更有信心更有热情。"

王总还对老杨回忆说，平时，他经常和一些做销售业务的领导朋友吃饭，有时候他们会带上自己的员工。情景往往是这样的：入座后领导用食指指着带来的员工说："这是我们公司的××，做业务的。"然后领导与朋友们推杯换盏，情到激扬处喊一声："××，来，敬某总一杯。"整个过程很少能够听到他竖起大拇指由衷地说一句："××是我们的销售冠军，我公司的发展全靠像他这样的人才。"当然，××可能不是销售冠军，甚至在业务上比较落后。但××可能是名牌大学毕业，或者××的篮球打得很不错，再或者××人长得比较帅。总之，××肯定具备某些优点，如果作为领导连自己员工的一两个优点都说不出来就太失败了。试想一下，当一个年轻人在一群陌生人面前被自己的领导夸赞，他内心该多么自豪。没有人会反感领导夸奖自己，除非你的夸奖显得特别虚假。只要不是特别严肃的场合，如果你的员工在你身边，竖起你的大拇指，给他一分钟做主角的机会，而不要非等他某项工作做得很出色才收起指指点点的食指。

故事中王总的一席话发人深省。其实，给员工做主角的机会，也是给他们展现自己和承担责任的机会。绝大多数公司都不可能实行轮岗制，所以除了晋升或极少数的换岗之外，员工们的角色大多是固定的。他们工作出色了，得到奖励和表扬；工作落后或者出现失误了，受到批评和处罚。在很多公司里，激励措施都是奔着结果去的，很少去关注过程和工作以外的事情。工作之外的事情看起来无关紧要，对公司的发展也没有什么影响。不过正因为如此，我们才可以放心地鼓励员工，给员工做主角的机会。这些看似不经意的赞许，却会让员工的自信心倍增，也能让他们更信任你这个领导。当然，我们也可以把这种竖大拇指的习惯运用到管理中，在员工的工作成果还未显现之前，先给予一些肯定，并且告诉他你相信他一定行，这样他成功的

机会才会更大；而不是总是指着他说，如果做不好，下个月就别干了。

每个人的天性中都存在着期望获得认可、期望成为主角的成分。之所以甘当配角，可能只是因为缺少机会。所以有时候要给员工机会，能够适时让出主角的管理者，才是真正具有领导魅力的。而那些时刻以自己为中心，让所有员工都永远只是配角的管理者，根本不懂得什么事良性沟通，什么是激励，也不可能挖掘出员工的真正潜力。员工激励不是刻板的奖励，真正有效的激励和企业服务客户是一样的，要满足需求。人最高层次的两种需求就是被尊重和自我实现，如果连这两点都忽略了，还谈什么激励？再好的激励措施都有可能无法改变员工的"心"。而一个对管理者无关紧要的"主角"机会，对员工来说可能就是某方面自我价值的一种实现。

激励员工，推功揽过最暖人心

每个人的内心都有自己渴望的"评价"，希望别人能了解，并给予肯定。身为领导者，应适时地给予鼓励、慰勉，认可褒扬员工的某些能力。当员工不能愉快地接受某项工作任务之时，领导会说："当然我知道你很忙，抽不开身，但这事只有你去解决，我对其他人没有把握，思前想后，觉得你才是最佳人选。"这样一来使对方无法拒绝，巧妙地使对方的"不"变成"是"。

这一沟通技巧主要在于对对方某些固有的优点给予适度的褒奖，使对方得到心理上的满足，使其在较为愉快的情绪中接受工作任务。对于下级工作中出现的不足或者是失误，特别要注意，不要直言训斥，要同你的下级共同分析失误的根本原因，找出改进的方法和措施，并鼓励他一定会做得很好。要知道斥责会使员工产生抵触心理，而且很难平复，对以后的工作会带来隐患。

积极的激励和消极的斥责，对于员工的影响会是两种不同的结果，其中"推功揽过"与"推过揽功"就是其中的一条。我们所认同的领导者应采取推功揽过的原则，而不是推过揽功。正如前面所言，推功揽过代表一种崇高的品德，必将产生积极的精神效应，激励普通员工效仿，以此形成良性循环，为企业的发展注入一剂良药。

从古到今，有许多事例都证明，凡是推功揽过的人都能激励下层，取得成功。而推过揽功的人削弱下层的积极性和斗志，必然走向失败。

能够推功揽过、扬人之长、责己之咎，是刘备能够笼络人心，使将士为他誓死效命的重要原因之一。当初，曹操与袁绍官渡、仓亭之战刚结束时，刘备曾率数万人进攻许昌，结果被曹操出奇兵打得大败。刘备领残兵千人仓皇逃至汉江沿岸，处境十分狼狈。这时，刘备对身边将士感叹地说："诸君皆有王佐之才，不幸跟随刘备。备之命窘，累及诸君。今日身无立锥，诚恐有误诸君。君等何不弃备而投明主，以取功乎？"诸将闻所此言，都悲痛落泪。将心比心，主公既为众人考虑，众人也要为主公考虑，这样一来，即使有些怨气，也顿时涣然冰释了，并且甚至进而转化为一种凝聚力，转化成为同仇敌忾的激情。

与其形成鲜明对比，袁绍势力一度强大，威震中原，手下将才济济。但他本人刚愎自用，好大喜功，最后逐渐衰亡，手下人才各奔明主。田丰之死，就是一典型事例。

田丰本是袁绍手下的一个异常卓越的谋士。曾对官渡之战的形势做过准确而精密的分析。当曹操与刘备在徐州"鹬蚌相争"难解难分之际，田丰就向袁绍提出乘其后方空虚出兵突袭曹营的主张。这本是一个绝好战机，但袁绍不听。待曹操打败刘备回师官渡时，袁绍却要同曹操决战。田丰认为战机已失，应以持久战为上策。袁绍又不采纳田丰的计策，一意孤行，非要出兵不可。田丰还是诚恳地劝告他，指出危险所在，袁绍根本看不到田丰的赤胆忠心，反而认为田丰是在众人面前败坏自己的名声，竟然把田丰囚禁下狱。

后来，果如田丰所料，袁绍吃了败仗。这时有人对田丰说："这回你一定会得到重用了。"然而，田丰沉重地说道："如果不能取胜，我的命也就保不住了。"又如田丰所料，袁绍损兵折将，惨遭大败。残军相聚，丧失兄

弟，各个捶胸大哭，都说："若听田丰之言，我军岂能遭此惨祸！"袁绍在痛悔之际，对身边大将逢纪所说的却是："吾不听田丰之言，致有此败，吾今归去，羞见此人。"于是，在途中便派人拿着他的剑，提前先到冀州狱中杀掉田丰。

刘备能够推功揽过，笼络人心，招揽贤才，因而得以三分天下有其一。袁绍刚愎自用，好大喜功，推过揽功，以至于众叛亲离，终为曹操所灭，成为千古笑柄。

作为一个现代领导者，更应当注意推功揽过这一点，有了功劳要多看集体的努力，出了问题多看自己的责任。这个要求绝不是虚伪的无的放矢。因为在现实中，领导班子的不团结，往往是由于成员之间争荣誉、抢位子、推责任、文过饰非、互不服气的结果。不仅同级之间要推功揽过，对于下级更是如此。领导者在自己的下级有了问题时要勇于承担责任，切记不要把自己应负的责任往旁推，更不要往下推。刘备之法有其可取之处。

领导者要做到在与下级的沟通中遵循"推功揽过，而不推过揽功"的原则，不仅需要有刘备那样的勇气，敢于承认自己的错误，敢于放下尊严，而且还要具有不嫉贤妒能的品质。领导者嫉贤妒能，就可能把自己的过错或一个员工的过错推到另一个员工的身上，也有可能把别人的功劳记在自己的功劳簿上，试问被嫉之贤人，被妒之能人能够被激励出积极性来吗？如此一来，非但这些贤人、能人的积极性不能被激发，而且会被压抑，导致大批人才的纷纷离去。只有把人才当"宝贝"，而不是当"威胁"，才能像磁石一样，把大批人才吸引到自己周围，推动事业的发展。

拉近心理距离，从尊重开始

我们在强调管理的时候常常喜欢引用一句话："没有规矩不成方圆。"但是我们却忽视了这样一个事实，如果人的积极性未能充分调动起来，规矩

越多，管理成本越高，所以我们认为，企业管理最起码的一条规矩就是对人
的尊重。我们谈管理，尤其是对人的管理，过多地强调了"约束"和"压
制"，事实上这样的管理往往适得其反。聪明的企业和企业家已经开始意识
到这一点，开始在"尊重"上下功夫，了解员工的需要，然后满足他；而不
是聘用他，然后榨干他。

　　一个好的企业领导者始终牢记这一条：他的职责是帮助员工成功，如果
动用自己的权力欺压员工，就不是一个称职的领导，至少不是一个具有现代
意识的领导。领导最重要的事情是要用他的关怀、他的专长、他的影响力来
帮助员工成功，而不能让自己手下的员工在失败的道路上听之任之、不断炒
员工的鱿鱼。

　　当我们要求别人或者下属帮我们做事的时候，由于生活的习惯或者受到
他人的影响，他们总是会做出一些让我们不满意的事情。直接地指责他们，
或者提出要求，首先自己不太好说，说了可能会引起他们的反感，甚至招致
对方故意地与你作对。这个时候，我们不妨付出一点劳动，把对方应该做的
做给他看。

　　约翰琼斯开了一家百货连锁公司，在美国费城有一家大店铺，他每天都
会抽时间到那里去看下。

　　有一次，他看见一名顾客站在柜台前等了很久，却没有一位服务员跟她
打招呼。他进去一找，才发现那些服务员正在另一头挤成一堆，彼此嘻嘻哈
哈地说笑。

　　约翰琼斯一句话也没有说，只是默默地走到柜台后面，亲自招呼了那位
女顾客，并把她购买的货品交给售货员包装，然后他就走开了。

　　售货员们见了之后，一个个惊诧不已，从那以后，店中人员再没有犯过
这样的错误。约翰每次来，都发现他们都在认认真真地接待顾客。

　　换作一般人，会对这些服务员大肆批判一番，说他们工作不认真等。但
是约翰琼斯并没有这么做。什么话也没有说，只是亲自给对方起到示范和警

醒的作用，促使大家自觉地改正了工作作风。

让领导亲和于人，让领导者与员工心理距离拉近，让领导者与员工彼此间在无拘无束的沟通交流中互相激发灵感、热情与信任。这样的理念在优秀的企业家心中越来越达成共识。有位专栏作家参观英特尔公司时，看到当时英特尔的首席执行官安德鲁·葛鲁夫的格子间与员工的格子间一样大后，很尖刻地指责葛鲁夫这种做法太过虚伪。葛鲁夫却回答说，他这样做的理由是不想让权力放大，给员工造成心理压力，以便能更好地与员工进行交流。

要让领导真正亲近员工，不仅表面上要与员工拉近距离，还要真正关心员工，不单是关心员工的家长里短，更重要的是关心员工的前途和未来，包括员工的薪水和股票，也包括员工学习机会、得到认可的机会和得到发展的机会。

对下属的尊重还包括对他们不同思维的容忍。100％的求同思维，常常让创新之苗过早夭折。作为一个经理或高级主管，你如果不能容人，你只喜欢提拔那些想法、做法和你一致的人，就会在你的周围聚集一批与你思维相似的人，那时你就很危险了，当你遇到困难时，你周围的人并不能帮你，因为你们的想法和做法都如出一辙。领导是对的，但不要让人定型，让人定型的领导是企业（尤其是高科技企业）的一大灾难。记得有一位著名企业管理者说过："一家企业要成功，关键是一定要爱护你的员工，并帮助他们，否则他们也不会帮助你的企业。对待员工一定要诚实，要有一致性，不能朝令夕改，一定要把你的心拿出来给他们看，要心心相印，只有在这种情况下，他们才会跟你走。"

这是一种很普通的境界，但是有不少企业家没有做到，却一味要求员工对企业忠诚再忠诚。正如单相思的爱情会打水漂，企业家对员工不忠诚，就很难让员工对你忠诚。

总归一句话，企业领导千头万绪、错综复杂，但是最核心的一点是领导对员工的尊重。

与下属常谈心，增强凝聚力

下属总是习惯揣测自己的领导，总是搞不清楚为什么刚才还和大家有说有笑转眼就沉下脸来。其实作为领导也有这种困惑的时候不知道自己到底哪里管理不当，导致下属的负面情绪越发严重。

与其大家都有这种顾虑，为什么不坐下来谈谈呢？要知道，上、下级若总是缺乏沟通，其关系将会进入一个隔阂越来越深的恶性循环之中。然而，现实生活中，有的领导总是碍于面子或者借口太忙而耽搁此事，总是把开小会或者找下属谈话一推再推，觉得谈话的事情可有可无，要先顾及重要的事情。而这样的领导恰恰本末倒置了，如果领导不了解员工的想法，不听从员工的建议，无异于盲人摸象，即使自己有再多的工作要做，而你的员工都在消极怠工，你又怎么能做好呢？

从下属的角度来说，每个职员都想得到上级的重视和能力认可，这是一种心理需要，和下属常常谈谈话，对于形成群体凝聚力，完成任务、目标，有着重要的意义。

有一位厅级干部在他还是一般职员的时候，一次他的领导（厅级）在路上见到他，和他打招呼握手并问候他，虽然这是领导不经意的一次举动，但是在他心里产生莫大的震动，回去后，心情久久不能平静。他当时认为，这是领导对自己的重视和认可。此后他的工作一直做得很出色，受到单位领导和上级的一致好评。现在这位职员升为一个厅级单位的领导，作为过来人，他十分了解下属的心思。因此，他经常找下属谈心，谈心的面很广，谈工作、谈生活、谈发展，每次谈话，职员都受到很大的鼓舞，就是这个举动，增强了全员的凝聚力，使整个工作做得有声有色。

中国著名企业家马云曾说过："让每个人的才华真正地发挥作用的道理就像拉车。如果有的人往这儿拉，有的人往那儿拉，互相之间就乱掉了。我在公司的作用就像水泥，把许多优秀的人才聚合起来，使他们力气往一个地方使。"作为领导，最重要的作用莫过于此。而经常找下属谈心，无疑是增强凝聚力最佳的方式之一。通过面对面的交谈，领导可以充分了解职员对单位发展的看法，职员的心态、情绪变化，自己工作的反馈等，从而有利于更好地开展工作。

杰克是一位掌控着近20万员工卓越公司的总裁，他注重公司效益，对公司进行战略谋划，以持续的变革迎接挑战，鼓励各种创新以寻求企业活力之源。然而与此同时，他还将至少一半的时间花在了与员工的相处，因为员工的忠诚和积极性是企业生存和发展的关键。

杰克认为有效沟通对于企业十分重要，真正的沟通不是演讲、文件和报告，而是一种态度，一种文化环境。他说："人类的思想创造是无限的，你只管去与他们交流就行了。"每个星期，他都会不事先通知地造访某些工厂和办公室；临时安排与下属共进午餐；工作人员还会从传真机上找到杰克亲手写的便笺或收到他的邮件。

在杰克的带动下，公司上下级关系和谐融洽，领导和管理人员成为激励者和资源调配者，而不是"动作指导者"。经理们经常挂在嘴边的话是："你可以告诉我，要怎么样我才能帮到你。"

与员工沟通虽然看似浪费了一些时间，但是从员工那里得到的反馈确实是十分宝贵的财富，要知道你的员工才是最基层的，他们接触的东西也许是领导平时难以接触到的。所以，他们的反馈建议很多都是切身体验和感受，只有经常跟员工沟通，你的员工才会足以信任地告诉你真话，在这些正确的建议指导下，企业才会沿着正确的方向发展，为以后的不断壮大奠定基础。

第十八章

说话要讲究 "忌口"：与同事相处切莫口不择言

进入职场，同事是与自己最容易形成利益关系的人。因此，与同事相处得如何，直接关系到自己的工作、事业的进步与发展。如果你想要获得同事的赏识，让彼此的关系融洽和谐，你就应该掌握一些沟通技巧。

人言可畏，切忌用流言中伤别人

在同事里常常有这样一些人：每天不是东家长就是西家短，没完没了，让人厌烦。

从普遍意义上说，流言往往具有一定的攻击性和伤害性。受害甚者如民国影星阮玲玉，因陷入流言纠纷而服安眠药自杀，还引发鲁迅撰文《论人言可畏》。不那么严重者，就是关于某人的某事在某段时期内成为众人的"嚼舌根"对象，被人背后指点加议论，从而对他人的工作、生活产生不良影响。

散布流言蜚语的同事存在于你的周围时，你只会感到痛苦。晶晶便是这样一位受害者。

晶晶完成一个项目后，就被传出了办公室绯闻，而且愈传愈烈，还影响到了对方的家庭关系。她带着无奈愤而辞职，进入新公司后也一直不敢大展拳脚，跟男同事合作更是小心翼翼，生怕一不小心又成为桃色新闻的主角。

当晶晶向闺蜜谈及此事时，她非常苦恼地说："主管找我谈话，说我做事太过畏首畏尾。但我是有苦说不出，实在是再不想那一幕重演了。"

正如故事中的晶晶一样，流言会令人感到苦不堪言。而且很多时候，流言一旦传出便很难攻破。不过，尽管不易，也并非无计可施。你可以坚持做自己，告诉自己清者自清，需要时间让一切明晰，但这需要强大的心理承受能力。另外，越是这个时候，越要增加跟大家的接触。因为流言的形成就是缺少正面的了解和沟通，所以你要破掉流言蜚语，就要大胆与大家接近，让他们深入地了解你。了解你越深，感觉到你真实的样子后，流言也许就不攻自破了。

还有，如果一不小心成了流言中的"替罪羊"，一定要区分清楚，哪些是自己的问题，哪些是被人强加的，承担且只承担自己该承担的部分，把不该自己承担的坚决推回去。不要以受害者的姿态出现，不能表现出自己被别人欺负的样子。如果你说别人欺负你，那实际上某个层面你是愿意被欺负的。站出来去表达自己，甚至要去跟流言制造者谈一些自己的想法，有些人造谣是想通过一种捷径达到自己的目的，他们可能低估了谣言对别人造成伤害的程度。你让他们清晰化这种伤害，可能对方会有内疚感，以后类似的行为就会减少。另外，自己还不能解决的部分，可以向领导寻求帮助。

对于造谣中伤，大多数人都深恶痛绝。然而，提到流言蜚语，虽然大家都表示厌恶和排斥，但不少人在不知不觉中便成为其中的一员。

比如，一次，琴琴的一个同事对其他的员工说："今天我看到咖啡厅消化科的琴琴和一个帅哥坐在一起！"

结果到最后传成了："消化科的琴琴和一个帅哥搂搂抱抱，可亲热呢！"甚至那帅哥的姓名还是本公司的××先生。

但实际上呢？琴琴只不过是在咖啡厅和哥哥商量搬家的事情。

办公室里常常会飘出这样的流言。要知道这些流言是职场中的"软刀子"，是一种杀伤性和破坏性很强的武器，这种伤害可以直接作用于人的心灵，它会让受到伤害的人感到非常厌倦不堪。要是你非常热衷于传播一些挑拨离间的流言，至少你不要指望其他同事能热衷于倾听。经常性地搬弄是非，会让单位上的其他同事对你产生一种避之惟恐不及的感觉。要是到了这种地步，相信你在这个单位的日子也不太好过，因为到那时已经没有同事把你当回事了。

因此，在日常与同事的相处中，我们一定要注意自己的言行。"得饶人处且饶人"，多一句，不如少一句，说话能够收敛一点，日后你有什么行为做错，大家也不会为难你的。

经常在背后说别人坏话的人，肯定是不会受欢迎的。因为凡是有点头脑的人，都会自然而然这么想：这次你在我面前说别人的坏话，下次你就有可能在别人的面前说我的坏话。这样一来，你在别人的印象中就不可能好到哪里去。

人言可畏，我们需要时刻端正自己的一言一行，抛弃那些流言蜚语，以免让其成为中伤别人的利器。

很多时候，我们所听到的小道消息都是一些无中生有、以讹传讹的不

确切的信息，通常传播的人越多，传得越久，其中真实情况的含金量也就越少。而这些流言蜚语的传播，常常是闹得物是人非、人心惶惶，所以很多人都会对流言蜚语的散布者嗤之以鼻。

如果你在流言蜚语的传播过程中曾经推波助澜，那么，一旦被大家知道后，你将成为人们心目中最不值得相信的人。大家都害怕一旦秘密进入到你的耳中，就会被你传播出去。

不要去做流言蜚语的传播者，在听到有人传播别人的秘密时，远离那个散播者，避免大家误会你也是其中的一员。对那些会伤害当事人名誉或是声誉的传言，努力做到守口如瓶，让流言到你这里就停止了。

这样的你会成为众人心中最值得信任的人，人们也会对你的做人厚道而交口称赞。这将有益于你在事业上的发展，因为谁都愿意和一个安全的人共同工作，而不是定时炸弹。

千万别跨入同事的心灵的"禁区"

同事的个人秘密，当然就是带着些不可告人或者不愿让其他人知道的隐情；要是同事能将自己的隐私信息告诉你，那只能说明同事对你是足够的信任，你们之间的友谊肯定要超出别人一截，否则对方不会将自己的私密全盘向你托出。要是同时在别人嘴中听到了自己的私密被公开后曝光，不用说，对方肯定认为是你出卖了他。被出卖的同事肯定会在心里不止千遍地骂你，并为以前付出的友谊和信任感到后悔。因此，不随意泄露个人隐私是巩固职业友情的基本要求，如果这一点做不好，恐怕没有哪个同事敢和你推心置腹。

对于不懂尊重他人隐私的人，大家都会产生厌烦心理。如果你不想成为让人唾弃的对象，最好在与同事的交往中保持恰当的距离，对别人的私事不要太好奇，远离别人的隐私禁区。

正所谓："家丑不可外扬。"这里的"家丑"不仅是指自己家的丑事，还包括别人不方便告诉他人的事。也许你在无意间发现了别人的秘密，或者对方把你当成知己只告诉了你，你却在无意间透露给了别人，这样的后果是不仅会伤害那个人，还会引起大家对你的鄙视。

因为谁都有隐私，谁都会把一些难以启齿或者是一些并不光彩的错误隐藏起来不让人知道。对于不懂尊重他人隐私的人，大家都会产生反感。注意不要随便打听别人的私事。

尊重对方的自主权利，即使当你强烈地感觉到对方有困扰，也不要因为好奇和担心，而越界去打听对方的心事。在适当的时候保持沉默，也是对别人的尊重与帮忙。

每个人都有自己的优点和缺点，人们喜欢把优点展示给更多的人看，而对于缺点，则感到心虚，想尽力隐藏，唯恐让人看出来，而隐藏这些缺点的地方就成了一道"禁区"。在交往中怎样面对别人不小心暴露的缺点，尽量远离"隐私"，避免双方都陷入尴尬的境地，是值得注意的事情。

如果有人在谈到某同事时说："我只跟你说……"对这样的话你可别太当真了。

假使你对某同事不具好感并按捺不住地对上级说："这些话只跟您提而已……"如果随意地就大发议论的话，你所说的话会立刻传入该同事的耳中。

事实上，人与人之间的关系相当复杂，你如果不知内幕，就不可信口雌黄，以免招惹是非。

有的人因为长期以来的生活习惯，养成了一些世人眼中的一些怪癖，这些小毛病也许在别人眼中是无足轻重的，但是他本人却讳莫如深。所以在与他人的交往中，最好尽量多涉及一些对方的优点，极力避开对方的缺点。如果平时对这方面太过大意，不小心触及对方的缺点，很可能会导致对方恼羞成怒，怀恨在心。

在与同事沟通交流的过程中，也要避开有关对方或者他人缺点的话题，因为毕竟任何人在对别人评判时都或多或少带有主观感受。我们所听到的关于别人的事情不一定就完全可靠，也许还有许多详细的隐情是我们所不知道的。

如果我们贸然拿听到的片面之词来对待那个人，那么就很可能使形势更加偏离真相。一旦我们说了不该说的话或者有了不恰当的举动，将会造成难

以挽回的伤害。

所以，遇到有人向我们谈起某人的缺点的时候，最好的办法就是左耳朵进来，右耳朵出去，不要深信这种传言，不必将此记在心中，也不要做传声筒。

每个人都有好奇心，都想窥探别人的秘密。但不要忘记："好奇害死猫"。有些秘密还是少知道、不知道为好。但是就是有人专门喜欢用各种方法假设、探讨、求证、挖取别人的秘密，然后主动向你诉说，这时你最好能够避开或者转换话题。

人们好说女人最爱谈论别人是非，其实男人当中也不乏这种人。如果你茶余饭后要找谈话的资料，那天上的星河、地上的花草，无一不是谈话的好题目，真的不必一定要说东家长、西家短才能消遣时间。

也许你会觉得掌握了别人的秘密就是抓住了对方的弱点，这样一来你就处于优势地位了。如果你这样认为可就大错特错了。别人的秘密掌握在你手中，那个人就会寝食难安，如骨鲠在喉一般。试想，这样的处境能让他对你放心吗？他能让你安稳过日子吗？

既然你知道了别人的秘密，也就有责任保守这个秘密。被你掌握秘密的人也多了一分对你的顾虑和怀疑，担心你会把秘密泄露出去。而一旦秘密被泄露了，你会是泄密的首要嫌疑犯，也必然会得到凶狠的报复，甚至给你带来杀身之祸。所以，我们应该对别人的秘密采取敬而远之的态度，能不知道就不知道。

如果你在无意间知道了别人的秘密，最好的处理方法就是三缄其口，即使在本人面前也是如此，装聋作哑，把它当成自己的秘密一样守着，或者就当自己从来都没听说过一样，把它忘掉。

总之，人人都有想保守的秘密，都需要一个私人的空间。在这个空间被人涉足时很难释怀，所以尽量远离别人的隐私禁区，对双方来说都是安全的做法。

理性处理"摩擦事件"

谁都希望有一个和谐的工作氛围，一天八小时，一周五个工作日，一个人很大部分时间、精力是在工作环境中度过的，如果同事之间矛盾不断，整天别别扭扭，每天一踏上上班的路就想起与谁谁的不愉快，那么工作就成了一种负担和刑罚。

其实，同事们在一起相处的时间久了，就会不可避免地产生矛盾，那是很正常的；不过在处理这些矛盾的时候，要注意方法，尽量不要让你们之间的矛盾公开激化。办公场所也是公共场所，尽管同事之间会因工作而产生一些小摩擦，不过千万要理性处理摩擦事件，而不要表现出盛气凌人的样子，非要和同事做个了断、分个胜负。退一步讲，就算你有理，要是你得理不饶人的话，同事也会对你产生敬而远之的，觉得你是个不给同事余地、不给他人面子的人，以后也会在心中时刻提防你的，这样你可能会失去一大批同事的支持。此外，被你攻击的同事，将会对你怀恨在心，这无形中为你的事业树立了"敌人"。

中国人常用这么一句话来排解争吵者之间的过激情绪：有话好说。这是很有道理的。据心理学家分析，争吵者往往犯三个错误：第一，没有明确清楚地说明自己的想法，含糊、不坦白；第二，措辞激烈、武断，没有商量余地；第三，不愿以尊重的态度聆听对方的意见。另一项调查表明，在承认自己容易与人争吵的人中，绝大多数人不承认自己个性太强，也就是不善于克制自己。

无论哪种错误，在争吵已经发生的时候，我们可以从以下几个方面着手，来缓和彼此之间的矛盾。

1.同事愤怒的时候

当同事愤怒的时候，你千万不能以同样的情绪对待，那会使争执进一步激化。对自己的意见除了要坚持外，还可以向对方表示你希望双方能冷静地分析问题并解决问题。

待对方冷静下来之后，你就可以询问他生气的原因所在，询问时一定要照顾到对方的情绪，不要说些与此无关的废话。总之，一切都要建立在谅解和宽容的基础之上。

2.同事冷漠的时候

不要有任何臆测，你可以不经意似的问他"怎么了"，如果他不理会，

不妨以友善态度表示你想协助他。

如果他因感情或疾病等私人问题影响到工作情绪时，建议他找人谈谈或休假。

3.同事哭泣的时候

表示你的关切及协助的意愿，但不要阻止他哭泣，因为哭泣可能是缓解情绪的好方法。给他一些时间来恢复平静，不要急着化解或施予压力。

最后再问他哭泣的原因，如果他拒绝回答，也不必强求；若他说出不满或委屈，注意倾听他的讲话，并给予适当的反馈。聚神聆听代表着理解和接受，是连接心灵的桥梁。千万不要贸然下断语或凭自己喜恶提供解决的方法，以免伤人自尊心，产生反抗心理。

4.同事不合作的时候

切勿一味地指责对方或表示不满，最好找个时间两人好好谈谈。因为这个时候更需要的是体贴的关怀话，若对方因工作繁多、无法配合，则可再安排时间或找他人帮忙；但若是纯粹地不合作，则更需多花时间沟通，寻求问题的症结及解决办法。谨记：要充分利用关怀话这一润滑剂；说不定还能因充分的沟通而化敌为友呢！

最不可触碰的"雷区"

职场处处都潜伏着危机。说起这些危机，发牢骚、谈是非等因多说话、说错话而引起的危害，被很多职场达人认为是最不可触碰的"雷区"。

不少人无论工作在什么环境中，总是怒气冲天、牢骚满腹，总是逢人就大倒苦水，尽管偶尔一些推心置腹的诉苦可以构筑出一点点办公室友情的假象，不过像祥林嫂般地唠叨不停会让周围的同事苦不堪言。也许你自己把发牢骚、倒苦水看作是与同事们真心交流的一种方式，不过过度的牢骚怨言，会让同事们感到既然你对目前工作如此不满，为何不跳槽，去另寻高就呢？

在办公室，同事每天见面的时间最长，谈话内容可能还会涉及工作以外的事情。但需要引起注意的是，尽量不要在背后议论同事或者领导，更要懂得什么该说，什么不该说，要把握分寸，才能让同事觉得你是个值得信赖的人，否则很可能招来不必要的麻烦。

某公司从外企挖来一名叫磊磊的销售主管，他一上任，公司就给配了专车，月薪也要比其他部门经理高。

而正是因为如此，磊磊的气焰很高。说话行事都有点儿冲，把十几个人支使得团团转，下属对他不太心服，暗地里总是说他坏话。

磊磊也是明白人，知道下属和他对着干，但他采取的不是和解政策，而是"镇压"方式。每天把每个人完成的工作和成本，即使是用了几张纸、打了多少电话都一一记录下来，作为月底考核标准。这一招够狠，底下的员工一个个忙得不可开交。不少人心里仍是不服这种管理办法，只好在私下里发发牢骚。

过了一段时间，单位招来一个女文员娜娜，待人接物大大方方，一来二去加入了反对磊磊的阵营。有时遇同事们在声讨磊磊，她也会插几句不痛不痒的话。

这样过了半年，娜娜就成了和大家无话不谈的朋友了。一个很偶然机会，一位同事突然得知娜娜是磊磊招来的，顿感不妙。但知道得太晚了，到了年终，主管提议销售人员"大换血"，结果10个人被解聘了6个，其余的4个明白过来后感慨万千，又自动走掉了1人。剩下的3人现在工作时看着那个娜娜走来走去，一句牢骚话也不敢说了。

不可否认的是，发牢骚、交换信息甚至秘密，是职场沟通最常见的事，但得认识到这也是个禁忌。在职场上说话也是一门艺术，怎么说、说什么、和什么人说，都有讲究。

职场中，除了背后说"黑话"是大忌外，也要注意一些"一不小心说的话"。

"有好几家公司都想挖我过去。"

"为什么升他/她不升我？"

"为什么×××的薪水比我多？"

"我没法跟他/她合作。"

"这件事的责任不在我。"

"我行吗？我真怕做不好。"

"我们有必要做这个项目吗？是不是多此一举？"

"这个任务指标太高，我不可能完成。"

"如果这样不行，我就真的没法干了。"

总之，忌谈他人是非是职场人要遵守的一条重要原则。一旦在办公室没管牢嘴巴，说了不该说的，很可能往后会跳进自己挖的坑里，为职场道路平添阻碍。如果不可避免地进入了职场中的是非圈，要谨记交谈中需尽量少地表现主观色彩。如一些抱怨的话不要脱口而出；不要因为别人和你说了是非，你就紧跟着透露秘密。须知，合理的沟通永远是解决心理问题的最好办法。

参 考 书 目

[1] 陈卫峰.实用谈判口才与技巧[M].北京：中国纺织出版社，2015

[2] 曹海.销售口才实战训练[M].北京：中国纺织出版社，2015

[3] 潘文荣.女人要读点口才心理学[M].北京：中国纺织出版社，2015

[4] 王晓莉.演讲与口才[M].北京：机械工业出版社，2015

[5] 历颖慧.一天一点口才训练[M].北京：北京工业出版社，2014

[6] 李世化.好口才看这本书就够了[M].北京：企业管理出版社，2014

[7] 马银春.好口才决定你的未来[M].北京：中国言实出版社，2014

[8] 王阔.最实用的演讲与口才[M].北京：中国文史出版社，2014

[9] 莫莫.5分钟打动人心的销售技巧[M].北京：北京理工大学出版社，2013

[10] 李营.瞬间打动人心的说话技巧[M].北京：海潮出版社，2012